Colección

Orar

ALABARÉ A MI DIOS
Hernando Silva, 1a. ed.

CAMINOS DE ORACIÓN
Barry William Malone, 1a. reimpr.

CONCÉDEME UN GRAN CORAZÓN
Anselm Grün, 1a. ed.

CONDÚCEME A LA OTRA ORILLA
Jules Bulliard, 1a. reimpr.

EN SILENCIO ANTE TI
Peter Dyckhoff, 1a. reimpr.

LA ORACIÓN AL ALCANCE DE TODOS
Hernando Silva, 1a. ed.

LA ORACIÓN DEL ENFERMO
Álvaro Jiménez, 6a. reimpr.

LO ÚNICO QUE PUEDE VENCER A DIOS
Leonel Grimaldo Salazar, 1a. ed.

MIS ORACIONES
Madre Teresa de Calcuta, 6a. reimpr.

ORACIONES PARA LOS DÍAS INSOPORTABLES
Lucien Jerphagnon, 2a. reimpr.

ORACIONES PARA LA TERCERA EDAD
Héctor Muñoz, 5a. ed.

ORACIONES PARA MUCHACHOS
Héctor Muñoz - Ricardo Isaguirre, 6a. reimpr.

ORACIONES PARA MUCHACHAS
Héctor Muñoz, 7a. reimpr.

ORACIONES PARA NIÑOS
Héctor Muñoz, 6a. reimpr.

ORACIONES PARA NOVIOS
Héctor Muñoz, 3a. ed.

ORACIONES PARA PEDIR PERDÓN
Héctor Muñoz, 3a. ed.

ORACIONES PARA VIVIR LA MISA
Héctor Muñoz, 2a. ed.

ORAR ES...
Patrício Sciadini, 1a. ed.

OREMOS CON LOS ÁNGELES
Clemencia De Crény, 1a. ed.

ORANDO DESDE EL CORAZÓN
José Luis Kaufmann, 2a. reimpr.

PERDONA, DIOS, AÚN NO SÉ REZAR
P. Zezinho, 4a. ed.

36 ORACIONES CON EL ESPÍRITU SANTO
Héctor Muñoz, 4a reimpr.

Héctor Muñoz

36 Oraciones con el Espíritu Santo

SAN PABLO

Hector Muñoz, nació en Cruz del Eje (Córdoba-Argentina) en febrero de 1935. Se ordenó sacerdote en diciembre de 1963. Luego obtuvo el grado de "Perito en Sagrada Liturgia" en el Instituto Superior de Literatura en la Universidad Católica de París. A su regreso a Argentina trabajó como Presidente de la Comisión de Liturgia en la Arquidiócesis de Mendoza y, más adelante, como profesor de liturgia en la facultad de teología de los Dominicos argentinos y en el Seminario de Córdoba. Desde 1977 dirigió la revista "Liturgia" de la Comisión de Culto del Episcopado argentino hasta 1981, año en que cesó su publicación. Forma parte del Consejo de la entidad internacional ecuménica "Societás Liturgia", dedicada a la investigación y a mostrar la liturgia como lugar de encuentro de todos los cristianos.

Título
36 oraciones con el Espíritu Santo

Autor
Héctor Muñoz

Carrera 46 No. 22A-90
Tel.: 3682099 – *Fax*: 2444383
E-mail: editorial@sanpablo.co
www.sanpablo.co

ISBN
958-607-838-8

4a. reimpresión, 2012
Queda hecho el depósito legal según
Ley 44 de 1993 y Decreto 460 de 1995

Distribución: Departamento de Ventas
Calle 17A No. 69-67
Tel.: 4114011 – *Fax:* 4114000
E-mail: direccioncomercial@sanpablo.co

BOGOTÁ – COLOMBIA

PROLOGO

¿Por qué se me ocurrió escribir este libro? En primer lugar, porque quiero destacar el lugar que el Espíritu Santo tiene en la vida de un cristiano. En segundo lugar, porque el Espíritu Santo sigue siendo "el gran desconocido", alguien que se nos escapa de las manos y que no tiene "la carne" de Jesús.

Sabemos que nada podemos hacer en nuestra vida de bautizados, que no sea impulsado por el Espíritu. No podemos llamar a Dios "Padre", si el Espíritu no acomoda nuestros labios y los mueve a llamarlo así. No podemos reconocer a Jesús como el Salvador, si el Espíritu Santo no mueve nuestra inteligencia a tal asen-timiento.

San Pablo nos habla de los diversos dones del Espíritu: "...A uno le dio la sabiduría para hablar; a otro, la ciencia para enseñar, según el mismo Espíritu; a otro, la fe...; a éste se le da el don de curar, siempre en ese único Espíritu; a aquél, el don de hacer milagros; a uno, el don de profecía; a otro, el don de juzgar sobre el valor de los dones del Espíritu; a éste, el don de lenguas; a aquél, el don de interpretarlas. Pero en todo esto, es el mismo y único Espíritu el que actúa, distribuyendo a cada uno en particular como El quiere" (1Co 12, 8-11).

*Los que hemos sido bautizados en un mismo Espíritu para formar un solo cuerpo, hemos sido dotados de gracias en bien de la comunidad eclesial. Llamamos comúnmente a esas gracias: "*Carismas*". De aquí que la Iglesia vive de esos dones para el bien común y si algunos grupos son llamados "*carismáticos*", no lo son porque el resto de los cristianos no posean carismas. Desde nuestro Bautismo y Confirmación estamos, por gracia, dotados de la capacidad de servir y santificar a la Iglesia. El Espíritu Santo trae a nuestro corazón la palabra de Cristo —que es una gracia "*carismática*"— y nos conduce al conocimiento de la verdad.*

Tenemos que invocarlo: ¡Ven, Espíritu Santo! ¿Para qué? Para que llene los corazones de los fieles y encienda en ellos el fuego de su amor. Para que toda la tierra sea recreada según la imagen de Cristo Jesús.

Este libro quiere pasearnos por las diversas facetas de la vida experimentada por hombres y mujeres, antes que nosotros, para que así como el Espíritu dejó en ellos su huella, también confirme en nosotros nuestra realidad de bautizados. Tiene como destinatario a todo el que quiera abrir el corazón al Espíritu Santo, para que plasme sus frutos: "Amor, paz, alegría, magnanimidad, afabilidad, bondad y confianza, mansedumbre y temperancia" (Ga 5, 22-23).

Si este libro logra que sepamos que el Espíritu existe, como el Padre y el Hijo, y que construye a Jesús en nuestros corazones, habrá tenido éxito. Si no... preferiría no haberlo escrito, porque en mi inteligencia y en mi querer estuvo siempre patente hacer que el Espíritu Santo, "gran desconocido", fuera amigo, fuerza, fuego y cercanía en nuestras vidas de testigos del amor de Dios plasmado en la humanidad de Cristo, el Señor.

I

EL ESPIRITU SANTO EN LOS PRIMEROS TIEMPOS

1

EL ESPIRITU ES COMO UN SOPLO DE VIDA

"Al principio Dios creó el cielo y la tierra. La tierra era algo informe y vacío, las tinieblas cubrían el abismo y el soplo de Dios se cernía sobre las aguas (...). El Señor Dios modeló al hombre con arcilla del suelo y sopló en su nariz un aliento de vida. Así el hombre se convirtió en un ser viviente" (Gn 1, 1; 2, 7).

SEÑOR DIOS,
creador de cielos y tierras
de todo lo que hay bajo el sol
y también del mismo sol:
nada había "al principio"
y tú diste comienzo a este mundo
que nos has obsequiado
como reflejo de tu gloria,
para nuestro gozo y bien.

Para rematar las bondades
salidas de tus manos
y como primavera de tu obra,
hiciste al hombre, nos hiciste a nosotros...,
¡me hiciste a mí!

Nos modelaste a tu imagen y semejanza.
De todo lo que es y existe,
somos lo más parecido a ti...
Si me miran,
tendrían que ver tu rostro,
como un hijo es "la cara de su padre".
Si me oyen,
tendrían que oír tu voz,
de modo que las voces del mundo
y las voces del hombre
fueran el sonido de tus labios.

¿Qué fue ese "soplo"
del que nos habla tu Palabra?
¿Fue mi alma?
¿Fue mi vida?
¿Fue la presencia viva de tu Espíritu?
¿Fue una participación
de tu fuerza y de tu presencia
en todo lo que tú miras
y en lo que tú amas?
No lo sé con exactitud...,
pero lo que sí sé
es que tu "soplo se cernía
sobre las aguas",
sobre ese caos inicial
que debía ser ordenado;
sobre la arcilla del hombre,
que no era tan diferente
de la arcilla de un animal...,
¡hasta que soplaste en su nariz

un aliento de vida!
Sólo en ese momento fuimos hombres.
Sólo en ese momento fuimos diferentes.
Sólo en ese momento
pudimos glorificar tu nombre.
Sólo en ese momento
pudimos cantar mirando al cielo.
Sólo en ese momento
nuestra frente quedó marcada
con un nombre que no era el nombre
de lo que habías creado
en los primeros cinco días...

De algún modo,
tu Espíritu se hizo presente.
De algún modo misterioso,
tu amor me amó y me hizo bueno.
De algún modo misterioso e incom-
prensible,
te acercaste a mí y me hablaste al oído...
Escuché tu Palabra
y supe que Pentecostés
había comenzado a hacerse presente...

2

EL DIOS QUE MIRA A TODOS LOS HOMBRES NOS INFUNDE SU ESPIRITU Y CONFIERE SUS DONES

"Dijo el faraón: —¿Podemos encontrar otro hombre que tenga en igual medida el Espíritu de Dios? Y dirigiéndose a José, le expresó: —Ya que Dios te ha hecho conocer todas estas cosas, no hay nadie tan prudente y sabio como tú" (Gn 41, 38-39). "Yo lo designé (a Besalel) y lo lle-né del Espíritu de Dios para conferirle habilidad, talento y experiencia en la ejecución de toda clase de trabajos" (Ex 31, 3). "Dijo Moisés: —¡Ojalá todos fueran profetas en el pueblo del Señor, porque El les infunde su Espíritu!" (Nm 11, 29).

DIOS NUESTRO,
dador de todo bien y autor de todo don:
cuando leo tu Palabra
me encuentro con historias de hombres
donde has escrito tu historia.

Me remonto a viejos tiempos
de los que casi no puedo hacer memoria,
y recorro nombres y lugares,

acontecimientos que tú me ofreces
para que vea que también
pueden ocurrir en mis días,
en el hoy de mis horas y minutos...

No me importa tanto saber
quién fue el faraón
o Besalel o Moisés,
sino que tú me los das como ejemplo
y para que sepa que hablas y trabajas
en la historia del mundo y del hombre;
para mostrarme que no estás aislado
de mi vida ni de mi quehacer;
para mostrarme que tu voz
es reconocible por mis oídos
y que no me hablas
en lengua extranjera.

Me quieres mostrar y demostrar
que tu Espíritu es capaz de "meterse"
en mi mente y en mi corazón
para hacerlo sabio
y para que su inteligencia
penetre el interior de las cosas.

Me quieres mostrar y demostrar
que tu Espíritu
es capaz de hacerme hablar
como a José o a Daniel,
y capaz de darme habilidades,
talentos y experiencia como a Besalel,
de modo que yo, hoy,
obre como otros, ayer...

Tu Espíritu mueve, ayer y hoy,
los corazones de los hombres de Dios,
para que sean profetas
del anuncio y la denuncia,
para que tu pueblo
camine en la luz y la verdad,
en el amor y el testimonio...;
para que tu pueblo,
en la voz y las obras de tus profetas,
movido por la fuerza
de aquel a quien llamamos "Espíritu",
abra sus ojos
a la realidad de tu Nombre,
a la trascendencia de tu rostro
que se escapa de mi corta mirada,
yendo a la lejanía de tu horizonte...

Te pedimos, Señor, Dios de todo lo que
infundes en lo recóndito del corazón,
que nos des mirada penetrante y sabia,
talento y rectitud a nuestras acciones...
Así sabremos que tu santo Espíritu
se ha hecho visible
en los signos de nuestra vida.

II

El Espiritu Santo en la historia de Israel

3

EL ESPIRITU DE DIOS SE MUESTRA EN LA VIDA DE SUS ELEGIDOS

"El Espíritu del Señor se apoderó de Sansón: las cuerdas que sujetaban sus brazos fueron como hilos de lana quemados por el fuego y las ataduras se deshicieron entre sus manos" (Jc 15, 14). "Samuel tomó el frasco de óleo y ungió a David en presencia de sus hermanos. Y desde aquel día el Espíritu del Señor descendió sobre David" (1S 16, 13). "El Espíritu del Señor está sobre mí, porque el Señor me ha ungido" (IS 61, 1). "El Espíritu del Señor cayó sobre mí y me dijo..." (Ez 11, 5).

DIOS, PADRE fuerte,
que nos infundes tu Espíritu:
¡Cuántos ejemplos nos das,
en tu Palabra revelada,
de la acción del Espíritu de vida!
¡A cuántos hombres
has hecho gestores de tu historia,
para que los tiempos hablaran
de tu nombre y tu renombre!
Tu Espíritu se apoderó de Sansón,

uno de los jueces
que diste a tu pueblo.
Era un hombre fuerte
pero, al mismo tiempo, débil...
Sin embargo,
cuando fue sometido a tus enemigos,
la fuerza de tu Espíritu se apoderó de él,
y esa fuerza lo hizo vencer,
aunque también él sufriera la muerte.

Tu buen servidor Samuel,
movido por la vocación que tú le diste,
mira a un joven, ¡casi un niño!,
el menor entre muchos hermanos.
En tu nombre, lo elige y consagra.
Le muestra un camino: tu camino...
Nace en David una fuerza: tu fuerza...

Desde ese momento,
no podría escapar a la sombra
de tu Espíritu.
De día y de noche,
el Espíritu del canto
se apoderaría de él
y, en la buena y en la mala,
en la fidelidad y en la traición,
narraría a sus oídos
todo lo que tú pretendieras de él.
Lo señalaste con tu dedo fuerte
y lo amaste con tu corazón enamorado.
El "óleo de la alegría"
embriagaría su corazón joven

y el dulce peso de tu amor
lo haría cantar y llorar,
por tu causa,
según los "empujes"
fuertes y suaves de un soplo
que lo haría vivir en tu presencia
tal como Adán vivió en tu presencia
por el soplo en sus narices
que dio movimiento a sus pies
y sonido a su lengua.

El mismo Espíritu "caería"
sobre Ezequiel,
como un rayo cae sobre alguien
y lo quema.
Lo haría profeta de los cielos nuevos
y la tierra nueva,
de la paz en que pastarían el león
y el cordero...

El mismo Espíritu
llenaría el vientre de una doncella,
y el fruto sería fruto de lo alto,
fruto que no pueden producir
ni la carne ni la sangre...

Una vez más, se desposaron el Espíritu
y un minuto de la historia...

4

EL ESPIRITU MUEVE LOS LABIOS DE LOS AMIGOS

"El Espíritu del Señor habla por mí y su Palabra está en mi lengua; ha hablado el Dios de Jacob, la roca de Israel me ha dicho: el que gobierna a los hombres con justicia es como la luz matinal al salir el sol" (2S 23, 2-3).

SEÑOR DIOS, amigo de tus amigos:
tú nos has hablado
por los patriarcas y los profetas.
Antes aun,
nos habías hablado por tu creación:
¡Los cielos y la tierra cantan tu gloria!

Sabemos que en el "hoy" de tu historia
nos hablarás por tu Hijo,
en la carne locuaz de su humanidad.

Pero tu Espíritu mueve los labios
de tus amigos,
para que en el correr
de la historia de los hombres,
no fueras mudo frente a nuestros oídos,
tan necesitados de tu voz.

En muchas ocasiones,
tu Espíritu encendió los corazones
de tus servidores,
para que latieran con el latir de tu
corazón.
En muchas ocasiones,
moviste los labios de tus amigos
para que, desde nuestra pobreza,
pudiéramos escuchar
el dulce sonido de tu palabra
en los frágiles labios de tus enviados.

El amigo escuchó al Amigo.
El amigo repitió las palabras del Amigo.
Se hizo uno con El
y, en comunión de palabras y de alma,
fueron un solo sentir y un solo amar,
dos palabras y una sola voz...

¿Qué papel jugó allí tu Espíritu?
El de hacerte visible, siendo invisible.
El de hacerte audible en tu silencio.

Tu Espíritu enseñó a tus amigos
el significado del amor retribuido.
Nos enseñó a amar la luz
y a buscar la verdad,
para hacer con ella una fiesta de bodas.
Nos enseñó a dejarnos conducir
por tu mano segura de Padre.
Nos enseñó a valorar el Reino,
sabiendo que el resto
nos sería dado por añadidura.

Nos enseñó a hablar con la buena palabra,
haciendo de nuestros labios
evangelio de tu nombre.

Nos enseñó a dolernos de la desgracia,
por haber antes valorado tu gracia.

¡Qué buen maestro
es el Espíritu de amor!
¡Cuántas voces salen de su seno!
¡Cuánta calidez
del foco hirviente de su hogar!

Pero..., para poder saborear
las voces del Espíritu,
hay que llamarlo,
hay que clamar por El...

Sólo el amigo es capaz
de comprender
la palabra del Amigo,
y gozarse en repetir sus voces...

III

EL ESPIRITU SANTO EN LOS LIBROS SABIOS

5

¡CLAMEMOS AL SEÑOR FIEL, AL DIOS ESPIRITU!

"No me arrojes lejos de tu presencia ni retires de mí tu santo espíritu" (Sal 50, 13).

SEÑOR Y DIOS nuestro:
tú estás más dentro de mi alma
que yo mismo dentro de mí.
Tú estás en la base de mis movimientos
y de mi pensar.
Tú haces y deshaces mi corazón
para que yo pueda construir mi querer.

¿Qué haría si por un instante
salieras de mí?
¿Qué haría si no iluminaras mi inteligencia
e infundieras calor a mi voluntad?
¿Qué haría si no me movieras a la alegría
ni hicieras asomar las lágrimas a mis ojos?

Amo tu presencia amable
y, dejarte,
sería como abandonar
a mi propia sombra...

Me he acostumbrado a llamarte "padre"
y no puedo imaginar la orfandad.
Tu santo Espíritu mueve mis piernas
para evangelizar tu gloria;
abre mis ojos
para quedar ciego
con la abundancia de tu luz;
abre mis labios
para que puedan cantar tus alabanzas;
barre con la sordera de mis oídos
para que tu voz se haga música
en mi alma...

Te clamo como al Dios fiel
que no puede renegar de su querer.
Te clamo como al Dios sabio
que quiere que guste
la dulzura de su palabra.
Te clamo como al Dios bueno
que quiere crear en mí un corazón puro.
Te clamo como al Dios misericordioso
que me hace olvidar mis miserias.

¡No retires de mí tu santo Espíritu!
Sin El, todo sería oscuridad
y yacería en las sombras de la muerte.
Sin El,
no tendría inteligencia de tu persona,
ni de tu pensar, ni de tu obra santa.

Sin El,
no podría acordarme de las palabras
de tu Hijo,

de todo lo que El nos dijo
y de todo lo que El hizo...
Sin El,
no llegaría al conocimiento de toda verdad
ni al desposorio con esa verdad.
Sin El, la prudencia me abandonaría
y caminaría a tientas,
como un ciego titubeante,
no sabiendo a dónde ir ni cómo ir...
Sin El,
no habría en nosotros temor de Dios
y la ofensa estaría en nuestros corazones
y afloraría a nuestros labios.
Sin El,
seríamos débiles
y no podríamos resistir al mal
y a sus embates...

¡Todo otro don desaparecería,
al desaparecer la fuente
de esos regalos tuyos...!

¡No me arrojes de tu presencia
ni retires de mí tu santo Espíritu...!

6
GRACIAS AL ESPIRITU PUEDO VER Y ENTENDER

"Es el Espíritu que hay en el hombre, y el soplo del Todopoderoso, el que lo hace inteligente" (Jb 32, 8). "Si el gran Señor así lo desea, será colmado del espíritu de inteligencia, derramará como lluvia sus sabias palabras y celebrará al Señor con su plegaria" (Si 39, 6).

SEÑOR DIOS, Luz de luz,
luz para mis pocas luces
y claridad para mi corto entendimiento:
Sé muy bien
que soy inteligente
porque soy hombre.
Pero sé muy bien,
¡a veces lo he aprendido al precio
de sangre!, que sin tu "soplo" de vida,
sin ese viento que barre
de mi inteligencia las tinieblas,
nada conocería de ti
y también sé que mi ciencia humana
flaquearía ante los embates del error

y ante las dudas que muchas veces
traban mi capacidad de conocer.
Soy inteligente
porque tu Espíritu me hace inteligente.

¿Cómo podría, en los misterios de la fe,
discernir la verdad del error,
si tu Espíritu no hablara
a mi inteligencia?

¿Cómo podría tener certeza
de los pasos que debo dar en mi camino,
si tu Espíritu no moviera mis pies
e iluminara mis sendas?

Los tropezones diarios lo confirman...

Señor Dios, Luz de luz:
no quiero pedirte muchas cosas,
pero sí me permitirás que te pida algo:
derrama sobre mí tus sabias palabras,
como lo hiciste con muchos de tus hijos,
para que pueda celebrarte en mi plegaria.

Haz de mi inteligencia un punzón agudo
que penetre en tu vida
y me haga vivir la "sangre" de tu amor.

Que jamás los negros nubarrones
opaquen al Sol de justicia,
a tu Hijo, luz de los pueblos.

Que cuando camine en tinieblas
y en sombras de muerte,
sepa dónde encontrar la chispa

que encenderá la llama
y la antorcha para descubrir
la salida y la libertad
para mis oscuridades.

Dame amor por el blanco de tu luz
y odio por el color odiado...
aunque el negro no es color...

Haz que mis ojos vean
lo que otros ojos no ven,
y haz que los ojos de mi alma
te vean a ti, y en ti descubran
las luces para iluminar mi vida.

Esto te pido: no renegar jamás
de la luz que tu Espíritu enciende.

IV

EL ESPIRITU SANTO EN LOS ANTIGUOS PROFETAS

7
LOS DONES DEL ESPIRITU MUEVEN AL PROFETA

"Saldrá una rama del tronco de Jesé y un retoño brotará de sus raíces. Sobre él reposará el Espíritu del Señor: Espíritu de sabiduría e inteligencia, Espíritu de consejo y de fortaleza, Espíritu de ciencia y de temor del Señor" (Is 11, 1-2).

DIOS PADRE, de quien tu Espíritu procede:
sabemos que tu Mesías
saldría de la casa de David,
y que de su reinado
nacería la paz para los elegidos
y la patria para los desterrados.

Los mismos dones de tu Cristo
movieron al profeta a hablar.
¡Y habló!

Hoy también nosotros te hablamos,
¡y bien fuerte!
Y te pediremos
que también sobre nosotros, tu pueblo,
repose el Espíritu y sus dones,
esos "empujones" que nos mueven

a hablar y a obrar,
a hablar y a dar razón
de que la palabra no es equívoca
ni mentirosa.

Somos otros cristos
y queremos para nosotros
lo mismo que tú quisiste para Jesús.

Danos espíritu de sabiduría,
para que en el amor vivamos
la experiencia de tu vida,
experiencia sabrosa,
y para que conozcamos
y juzguemos al mundo
como tú lo conoces y juzgas.

Danos inteligencia de tus cosas
para discernir, con tus ojos,
lo recto de lo equivocado.

Danos el espíritu de consejo,
para rectificar siempre la vida
y la conciencia
según tu proyecto,
y para llevar a la existencia
lo que tú pones en mi inteligencia.

Danos fuerza y haznos fuertes,
para que seamos señores
de nosotros mismos
y perfectos como tú lo eres.

Danos ciencia honda,
para que tu Espíritu
me dé la certeza
de lo que El está haciendo en mí.

Danos temor de Dios,
para que reverencie filialmente
tu absoluta trascendencia y sabiduría.

Y aunque el profeta Isaías
no lo dijo,
empújanos también con el don de
piedad,
para que crezca como hijo
y te ame como tu Hijo te amó,
y para que honre y dignifique a mi
patria
como a mi madre
y a todo hombre como hermano mío
e hijo tuyo.

Hasta ahora, las únicas "mociones"
de que había oído hablar,
eran las "mociones de orden"
en alguna asamblea.

Ahora sé qué hizo el viento:
¡Empujó!
Sacudió los corazones dormidos
y los movió a latir de nuevo.

¡Quiero para mí
una violenta y santa taquicardia...!

8

EL ESPIRITU DE DIOS GUIA A LOS JUSTOS

"(Los hijos del pueblo) se rebelaron y afligieron tu santo Espíritu. Ellos se acordaron de los días del pasado, de Moisés, su servidor: ¿Dónde está el que puso dentro de Moisés su santo Espíritu? Como a ganado que desciende al valle, el Espíritu del Señor les dio un descanso: ¡Así guiaste a tu pueblo para hacerte un nombre glorioso!" (Is 63, 10-11.14).

SANTO ESPIRITU de amor y de consuelo,
soplo divino que conduces a tu pueblo
y lo llevas de la mano:
¡Cuántas veces nos rebelamos contra ti,
como niños caprichosos
que desobedecen a sus padres!
¡Cuántas veces nuestros proyectos
se anteponen a esos caminos
por donde nos quieres llevar,
empujando a nuestra debilidad
y sosteniendo nuestros frágiles pasos!

Cuando todo va bien,
nos acordamos de ti
y alabamos tu presencia.
Cuando la mano viene dura,
cuando los obstáculos son grandes
y la paciencia se pone a prueba,
decae nuestra esperanza
y se desdibuja tu presencia,
no porque tú "te borres" de nuestras
vidas, sino porque nuestros ojos se enturbian
y nos incapacitamos para mirarte,
en ese cara-a-cara,
en el que tú nos pones.

A pesar de nuestra
falta de perseverancia;
a pesar de la pobreza
de nuestra fidelidad,
tú sigues siendo fiel
y quieres seguir convirtiendo
nuestros corazones de piedra
en corazones de carne,
para tener cabida en nuestras almas
y para mover nuestros latidos
y el caudal de nuestra sangre
hacia el Padre
de quien tú procedes.

Los hijos del pueblo se rebelan.
Pero tú no te rebelas.
Añoramos falsos paraísos
con falsas felicidades.

Tú sólo quieres que tengamos
nostalgia del nuevo paraíso
que inauguró Jesús.
De un paraíso regado por su sangre
y por el testimonio de los mártires.
De un paraíso donde se canta
la gloria al árbol de la cruz,
al árbol de la vida.
Para eso viniste en Pentecostés:
para lanzarnos a predicar
las voces de la cruz.
Para eso viniste en Pentecostés:
para poner en nuestra memoria
el nombre del que te puso
dentro de Moisés.
Para eso viniste en Pentecostés:
para convertir la rebelión
en dócil sometimiento
al dulce yugo de Jesús.
Para volver nuestro rostro
semejante al de Cristo
y para que, al fin de los tiempos,
podamos decir: —el Padre y yo
somos una misma cosa...

9

EL ESPIRITU DEL SEÑOR TOMA POSESION DE MI

"Cuando Dios me habló, un Espíritu entró en mí y me hizo permanecer de pie, y yo escuché al que me hablaba. Un Espíritu me arrebató y oí detrás de mí el estruendo de un gran tumulto, cuando la gloria del Señor se levantó de su sitio. El Espíritu me arrebató y me llevó, y yo fui, amargado y lleno de furor, mientras la mano del Señor pesaba fuertemente sobre mí. El Espíritu entró en mí y me hizo permanecer de pie. El me habló y me dijo: —Ve a encerrarte dentro de tu casa" (Ez 2, 2; 3, 12.14.24).

SEÑOR DIOS,
dador del espíritu de profecía
y de quien procede el santo Espíritu
para anunciar tu nombre:
tu gloria se manifiesta,
a veces, como terrible viento huracanado
y, las mayoría de las veces,
como suave e imperceptible brisa.
Esa presencia que tu Palabra proclama,
se hace presente

en la historia de los hombres
y en la historia de tu pueblo,
forjando almas capaces de hablar,
oportuna e inoportunamente:
así lo hicieron Isaías y Jeremías.
Así lo hizo también Ezequiel,
y Daniel,
y Esdras y Rut y Ester.
Así lo harían más tarde María,
cantando tu grandeza y su pequeñez,
y Pablo, apasionado por tu Hijo y su cruz.

Tu santo Espíritu entra en un profeta
y cambia su mudez en locuacidad,
sus miedos en valor y coraje,
su ignorancia, en ciencia de tu plan.
Jeremías te dijo que no sabía hablar
y que era demasiado joven.
Tú barriste sus temores,
lo mandaste a donde él no quería ir
y pusiste en sus labios
lo que tenía que decir.

A Ezequiel tu Espíritu
lo arrebató
y le hiciste sentir el peso de tu mano,
en el cautiverio y la confusión.

Pero el espíritu de profecía
que lo movió al anuncio y a la denuncia,
proclamó tu Palabra,
curó y consoló,
reprendió y juzgó,

provocó la conversión
y fue mensaje de advertencia al justo,
para que permaneciera en tu justicia.
Y ese Espíritu mantuvo al profeta de pie.
Fuerte y animoso,
lleno de fe
y vigilante,
como centinela que era.
Y ese espíritu de clarividencia
barrió con las tinieblas del error
y la mentira, iluminando su mente
y enfervorizando su corazón,
cual hogar con leños encendidos,
para que el pobre y el desvalido
encontraran allí
refugio y solaz.

Pero, te pregunto:
Señor, Dios del universo,
¿Reservarás tu Espíritu
sólo para los profetas famosos,
para los que están en tu Libro?
¿No habrá algún don para nosotros,
los del siglo XX,
los que tenemos que hablar hoy
y, a veces, no encontramos
la palabra justa...?
¿Me responderás...?

10

EN LA PLENITUD DE LOS TIEMPOS, DERRAMARE MI ESPIRITU

"Yo derramaré mi Espíritu sobre todos los hombres: sus hijos y sus hijas profetizarán, sus ancianos tendrán sueños proféticos y sus jóvenes verán visiones. También sobre los esclavos y las esclavas derramaré mi Espíritu en aquellos días" (Jl 3, 1-2).

DIOS NUESTRO y Señor de los tiempos:
por labios de Joel, viejo profeta,
hiciste una promesa
para los tiempos nuevos.
Era una profecía "para los últimos días".
Y esos días llegaron en Pentecostés.
Y el apóstol Pedro entendió la profecía
y la repitió, convencido de su verdad.
¡Los discípulos del Señor
no estaban borrachos!
¡La alegría que los embriagaba
no tenía al vino como causa!
¡Se estaba cumpliendo la profecía!
Se iba desarrollando
como quien, hilo tras hilo,
forja la trama densa del tejido...

Tu Espíritu vendría
"sobre todos los hombres",
tal como el sol nace
y quema a quien se pone bajo sus rayos.
Tal como la lluvia moja
a quienes, cara al cielo, la reciben...

Y, entonces, llegando a su hora
la vieja profecía,
lloverían sobre los hombres
prodigios en lo alto del cielo
y en las grietas de la tierra;
sangre y fuego vivirían en la tierra,
desde la venida de tu Ungido
hasta el juicio del día grande y glorioso,
día de tu espada y de tu consuelo...

Los nuevos días comenzarían a brillar
con la luz del nuevo sol.
Ya nada sería como antes,
porque alguien que no es como otros
hizo irrupción en la vida y los minutos
de los vivientes.
Ya nada sería como antes
porque murió la esclavitud.
Ya nada sería como antes
porque tu santo Espíritu
rebosa, como el vino nuevo rebosa
en copa llena.
Ya nada sería como antes
porque el viento y el fuego
han soplado y han quemado

el corazón de carne,
haciéndolo corazón de fuego.
Ya nada sería como antes,
porque tu Espíritu destrabó
nuestras lenguas confundidas
y Babel cayó en profundo abismo.
Ya nada sería como antes
porque tu amor cálido
cambió nuestro corazón de piedra
en un corazón de carne.
Ya nada sería como antes
porque cimentaste en el hoy de mis
días
un nuevo Sinaí,
y me obsequiaste una ley nueva
enraizada en las entrañas
de mis ojos,
sin necesidad de tablas de piedra...

¿Para qué quiero hoy tu santo Espíritu?
¡Para ser profeta embriagado
por el óleo de la alegría!
¡Para realizar tus signos
en medio de los hombres!

¡Para ser un enamorado de la luz!
¡Para amar el susurro de tu voz!
¡Para compartir el desposorio con el Novio!
¡Para no olvidarme del canto
y del poema...!

11

DIOS NO GOBIERNA POR LA FUERZA DE LAS ARMAS SINO POR EL VIGOR DE SU ESPIRITU

"Esta es la palabra del Señor acerca de Zorobabel: ¡No por el poder ni por la fuerza, sino por mi Espíritu! Derramaré sobre la casa de David un espíritu de gracia y de súplica; y ellos mirarán hacia mí" (Za 4, 6; 12, 10).

SEÑOR DIOS, todopoderoso y eterno:
tu brazo es fuerte y, sin embargo,
nos empuja con dulzura.
Tú no estás en el trueno ni en el rayo.
Tú no estás en la tormenta
ni en el mar embravecido.
Tú no estás en los aludes,
ni en el tornado, ni en la furia
de los huracanes.
Tú no estás en una ojiva nuclear,
ni en armas químicas,
ni en el furor de la guerra bacteriológica.
Tú no estás en el acero de los tanques,
ni en los cañones
que todo lo convierten en polvo,
ni en el ojo espía

por el que los poderosos
espían a los poderosos.

Tú no necesitas de todo esto.
Tu fuerza está en la brisa de tu Espíritu.
Tu fuerza está en el ramo de olivo
llevado en el pico de una paloma.
Tu fuerza está en la palabra tierna
de una madre.
Tu fuerza está en la sabiduría
de un anciano pobre
que vive intensamente
su breve futuro.

Tu fuerza está en la ley del amor
forjada por tu santo Espíritu
que se derrama sobre tus hijos
como tenue llovizna que empapa la tierra,
como gotas de rocío,
lágrimas en el verdor de tus prados.
La fuerza de tu Espíritu convierte
una lanza en un arado,
un tanque en un tractor,
un puño en alto en mano abierta...

Tú no necesitas pistolas ni puñales.
Tú no necesitas submarinos nucleares
—sigilosos tiburones asesinos—
ni el ojo sutil de fusiles nocturnos
donde el rayo láser guía la bala.
Tú no necesitas satélites espías
ni galaxias armadas para agredir
a la pobre tierra desarmada.

Tu Espíritu
mueve nuestros labios a la súplica,
renunciando al insulto.
Tu Espíritu mueve nuestro corazón
a la alabanza,
y no al mal amor del grito destemplado.
Tu Espíritu es un alma amiga
que busca al lejano para hacerlo próximo.
Tu Espíritu me hace nuevamente niño,
capaz de decirte "papito",
capaz de buscar tus brazos seguros,
capaz de saber que tienes otros hijos
a quienes puedo llamar "mis hermanos".

¿Qué puedo hacer
cuando un mundo turbulento
me envuelve en desaforados
aullidos de lobo,
sabiendo que soy apenas un niño,
lleno de miedos y fantasmas,
pronto al llanto y temeroso
de la oscuridad de la noche?

Puedo decirte:
—Padre..., Padre...
¡No me dejes solo porque soy muy débil!
Que tu espíritu de paz, de gracia
y de súplica me haga pacífico, agraciado
y suplicante...

V

EL ESPIRITU SANTO EN EL EVANGELIO DE JESUS

12
MARIA CONCIBIO POR EL ESPIRITU FECUNDO

"Mientras José dormía, se le apareció el Angel del Señor y le dijo: José, hijo de David, no temas recibir a María, tu esposa, porque lo que ha sido engendrado en ella proviene del Espíritu Santo" (Mt 1, 20).

DIOS SANTO, dador de todo bien:
desde siempre, una doncella fue elegida
como cuenco de amor
donde nacería tu Hijo.
Ese Hijo sería Jesús y Emmanuel,
Hijo del Altísimo,
príncipe de la paz y poderoso consejero.

María, todavía una niña, joven virgen,
se sorprende ante el anuncio de tu ángel.
¡Era normal que se sorprendiese!
¡Tamaña noticia dejaría a más de uno
boquiabierto y pasmado!
Pregunta. Debe preguntar...

—¿Cómo puede ser eso...?
Y la respuesta viene, concisa y convincente.

—El Espíritu Santo descenderá sobre ti
y el poder del Altísimo
te cubrirá con su sombra.

Jesús no sería fruto
de la carne y de la sangre,
no sería el fruto de María y de José
sino de tu intervención
en las entrañas de tu elegida...

¿Cómo se obró ese prodigio?
¿Cómo se gestó Cristo-hombre
en el seno de María?
¡No lo sé! ¡Nadie lo sabe ni lo sabrá!
Pero lo que sí sabemos es que,
desde ese preciso instante,
desde el "hágase"
de la hija de Sión, la luz de las naciones
inició su germinar,
¡nueve meses de silencio!
Lo que sí sabemos es que María
pudo cantar este milagro del Espíritu,
y el Espíritu movió sus labios
para magnificar tu nombre.

Nadie sino tú
podías jactarte de ese acontecimiento feliz.

Lo habías preparado, desde siempre,
como una de tus horas
en que tu gloria se desplegaría
en la carne del mundo;

como una de tus manifestaciones
luminosas, epifanías expansivas de tu poder.

Así como María necesitó saber
quién era el autor de lo que le ocurría,
también José fue frenado en sus miedos
y supo que el Espíritu
era la causa de la maternidad de su esposa.
¡Y el temor huyó de su corazón
ante la certeza de tu mensaje!

¿No es ese mismo Espíritu
el que posibilita que la Palabra viva
de tu Hijo
comience a crecer en nuestra inteligencia
y mueva el corazón a amarla?
¿No es ese mismo Espíritu
el que desata nuestras lenguas
para que proclamen al Verbo encarnado?

Sí... El Espíritu "de ayer"
es el Espíritu "de hoy"...
"Baja" de tu corazón
y del corazón de tu Hijo
y fluye a nuestros corazones,
moviéndonos a decir "sí" a tu proyecto,
"hágase según tú quieres"...

13
JESUS NOS BAUTIZA CON EL ESPIRITU Y EN EL FUEGO

"Dijo Juan: Yo los bautizo con agua. El los bautizará con el Espíritu Santo y en el fuego" (Mt 3, 11).

SEÑOR DIOS, Padre misericordioso,
lento a la cólera y rico en piedad:
Juan el Bautista, uno de tus enviados,
preparó el camino de tu Hijo, Jesucristo,
exhortándonos a cambiar de vida
y a arrepentirnos de nuestros pecados.
El bautizó con agua y con ese lavado
quiso significar la limpieza
de un corazón arrepentido y humillado.

Pero... ¡eso no bastaba!
Nos prometió otro bautismo
y otra purificación más honda y duradera.
Preparó los caminos de Jesús, el Señor,
anunciando proféticamente un bautismo
"con el Espíritu Santo y en el fuego".

¿Qué quiso decir con esto?
¿De qué bautismo se trataba?

Si bien es verdad que el agua lava,
el fuego es más eficaz
para eliminar de nosotros toda impureza,
tal como de un mineral se la elimina
al ser sometido al calor del fuego.
El agua lava la piel.
El fuego comienza a quemar desde fuera
pero llega hasta el núcleo más íntimo
de nuestro ser,
allí donde el pecado anida,
allí donde se gesta nuestro desorden,
en el rincón más alejado de un corazón
enloquecido que se salió de quicio...

"Con el Espíritu Santo y en el fuego",
¿no serán una misma cosa?
¿No será "en el fuego de tu Espíritu"
o "en tu Espíritu que es fuego"?

Lo que sí sabemos es que tu santo Espíritu
logra en nosotros lo que logró en tu Cristo:
¡Convertirnos en cosa santa!
¡En templos vivos donde habita tu gloria!
¡En signo claro de la nueva circuncisión
con que nos marcas y eliges!

Ese Espíritu es Espíritu de adopción.
Nos hace "hijos en el Hijo".
Nos incorpora a Jesús, cepa nueva,
tronco de donde nacerán nuevos retoños.
Nos hace solidarios en el pueblo
de hijos y hermanos

que han decidido vivir como hijos
y como hermanos,
retornando al paraíso perdido
y construyendo cielos nuevos
donde anticipemos tu cielo definitivo
y pleno.

Juan el Bautista preparó el terreno
para una nueva semilla.
Tu Espíritu dio el germinar primero
y el lento crecimiento en los años
de la vida.
También pondrá en nuestras manos
el fruto jugoso y sabroso,
el fruto de buen olor
de la tierra de las promesas.

¡Ven, Espíritu Santo...!
¡Quémame con tu fuego!
¡Enciende en mi corazón tu amor!
¡Purifícame de toda culpa!
¡Haz que viva en comunión de hijos
y hermanos!
¡Que sienta en mi cara la suave brisa
de tu presencia!

14

EL ESPIRITU DESCIENDE SOBRE JESUS Y LO CONSAGRA

"Al salir Jesús del agua, vio que los cielos se abrían y que el Espíritu Santo descendía sobre El como una paloma; y una voz desde el cielo dijo: "Tú eres mi Hijo muy querido, en ti tengo puesta toda mi predilección" (Mc 1, 10-11).

DIOS PADRE, enamorado de tus hijos:
de muchos modos
manifiestas tu amor en el correr
de la historia.
Lo demostraste a quienes otorgaste
la vocación de patriarcas.
Lo demostraste con tantos elegidos por ti
para guiar a tu pueblo.
Lo demostraste con los profetas
de los viejos tiempos
y con los apóstoles de la nueva era.
Hoy lo demuestras con tu Hijo amado
desde siempre, con Aquel
a quien pronunciaste
y a quien enviaste para que nosotros
lo hiciéramos nuestro.

Hoy tu Espíritu lo consagra
con una unción
como no hemos visto otra igual.
Hoy tu Espíritu lo consagra
para que tu Jesús sea
modelo de santidad para los hombres.
Tu Espíritu desciende como tu amor
para que aprendamos a amar
como El nos ama: hasta la muerte,
y muerte de cruz...

¿Cómo confirmas ese descenso
de tu santo Espíritu?
Con tu voz, a veces sonora
y a veces llena de silencios,
pero de silencios que gritan fuerte...
"Una voz desde el cielo dijo...".

Cuando hay algo importante que decir,
tú nunca te quedas callado.
Hablaste en el monte santo
dando la ley a tu pueblo.
Hablaste a tus profetas,
susurrándoles al oído lo que tenían
que anunciar y denunciar.
Hablaste, en el hoy pleno de la historia,
por medio de tu Hijo,
para que en su carne,
pudiéramos deletrear tu Palabra.

Hoy hablaste para señalar a tu Cristo
con una vocación:
la de "amado del Padre".

No podría El habernos amado
si no hubiera sido antes amado por ti...
"¡Tú eres mi Hijo *muy querido...!*".
Y debemos subrayar el "*muy querido...*".
¡En ti tengo puesta mi predilección,
mi amor desde siempre y para siempre!

Es lo mismo que decirnos:
A nadie he amado más que a mi Hijo.
A nadie amaré más que a mi Hijo.
A ustedes los amo en el amor a mi Hijo.
A ustedes los salvaré de la muerte
porque antes salvé a mi Hijo
de la muerte, librándolo de la corrupción.
La paloma de la paz es el signo
de la presencia de mi Espíritu,
no sólo en mi Jesús sino en todos ustedes.

Sí, Padre enamorado de tus hijos:
sabemos, y muy bien,
que tu santo Espíritu,
el soplo de vida,
ha llegado también a mi vida,
y que tu voz
sigue resonando, hoy y aquí...

15
¡AY DE QUIEN BLASFEMARE CONTRA EL ESPIRITU SANTO!

"Les aseguro que todo será perdonado a los hombres: todos los pecados y cualquier blasfemia que profieran. Pero el que blasfeme contra el Espíritu Santo, no tendrá perdón jamás: es culpable de pecado para siempre" (Mc 3, 28-29).

SEÑOR DIOS, Espíritu de santidad:
yo creo que tu presencia
confirma las obras realizadas
por Jesús.

Yo creo que tú ratificas
la gesta redentora de Cristo,
con nuevas "señales":
la paz en los corazones,
manifestación de la paz
que nos ganó el Reconciliador;
la alegría en cuerpos y almas,
signo claro del gozo
que hay en el cielo
por un pecador que se convierte;
la unidad en la fe y en la caridad,

señal de que Babel fue vencida y demolida
y que el Cordero reina por sobre todo;
la afabilidad, bondad y confianza
que me hacen ir un poco más lejos,
más alto y más hondo,
y descubrir en esas dimensiones
al Jesús bueno conmigo,
al Jesús afable con todos,
al Jesús en quien confío
y que me pide que también yo confíe;
nueva señal será la mansedumbre
que me capacita, desde la humildad
de mi pobreza,
para seguir a Cristo manso y humilde
de corazón,
siendo capaz de ir al matadero
sin proferir una queja.

Señor, Espíritu Santo:
otra de tus señales
—que no podría negar—,
es que soy capaz de cantar
las maravillas que suceden en mi corazón,
fruto de que fui capaz de abrirme
a tus dones
y de dejarme quemar
y empujar por ellos.

¿Cómo podría no reconocer
que tus obras son tuyas?
¿Acaso el diablo puede hacer
lo que tú haces?

¿Podría atribuirle a él lo que es tuyo?
¿Es su testimonio
el testimonio que tú me das,
manifestando como en un rayo
luminoso
el camino transitado por Jesús,
a quien el Padre consagró
permitiendo que tú lo invadieras?

Sé que todo será perdonado
menos negarte a ti
y atribuir a otros poderes
lo que viene por tu fuerza.

Te pido que abras mi inteligencia.
Te pido que enciendas mi corazón.
Que el viento y el fuego
con que te manifestaste
a María y a los apóstoles
en un viejo Pentecostés
de un domingo en Jerusalén,
también me marquen con tu sello,
para que confirmes en mí
la obra que Jesús realizó en mi alma...

16

EL ESPIRITU DE DIOS ESTA JUNTO A LOS ENAMORADOS DEL SEÑOR

"Apenas Isabel oyó el saludo de María, el niño saltó de alegría en su seno, e Isabel, llena del Espíritu Santo, exclamó: ¡Tú eres bendita entre todas las mujeres...! Zacarías quedó lleno del Espíritu Santo, y dijo proféticamente: ¡Bendito sea el Señor, Dios de Israel...! Vivía en Jerusalén un hombre llamado Simeón, que era justo y piadoso, y esperaba el consuelo de Israel. El Espíritu Santo estaba en él y le había revelado que no moriría antes de ver al Mesías del Señor" (Lc 1, 41-42.67-68; 2, 25-26).

DIOS Y SEÑOR nuestro,
enamorado del Amor:
en muchos momentos de tu historia
en nosotros,
nos muestras la acción de tu Espíritu.
Hoy nuestra oración se inspirará
en algunas personas y acontecimientos
ligados de cerca al nacimiento de tu Hijo.

Tú provocas al hijo que Isabel
gestaba en sus entrañas
y lo haces "saltar de alegría".
Su madre no tiene palabras
para describir la plenitud
del Espíritu en ella,
y como no tiene palabras adecuadas,
deja que el santo hable por sus labios:
"¡Tú eres bendita entre todas las mujeres!".
María es definida desde lo alto.

Su esposo Zacarías había quedado mudo.
Tú te muestras en el santo de los santos,
en el santuario del templo,
y allí queda "lleno del Espíritu Santo".
¿Qué puede hacer?
Callar o cantar...
Prefiere cantar, ¡y canta, alabando!
Te declara "bendito"
por haber visitado a tu pueblo
y por haberlo congregado
alrededor del descendiente de David,
llevando a plenitud la profecía.

Nace el deseado de las naciones,
tu Hijo muy amado,
y un anciano profeta,
justo y fiel, lo espera,
simbolizando la esperanzada espera
de todo un pueblo que ansiaba
ver el día que tú habías preparado.
Tu Espíritu habitaba en él
manteniendo viva y fresca esa expectativa.

La promesa revelada se cumpliría:
"No moriría antes de ver
al Mesías del Señor". ¡Y lo vio!
¡Lo vio y lo reconoció!
Y tu Espíritu también lo movió al canto.
¿Qué se puede hacer cuando, borrachos
por el óleo de la alegría,
nos sentimos empujados a alzar los brazos
y llegar al cielo?
¿Qué se puede hacer
cuando sabemos que no hay palabras
que puedan, ¡ni de lejos!,
agotar lo que habita en el corazón?
Ya lo dijimos antes...
Hacer silencio,
un profundo y sonoro silencio,
o cantar..., a viva voz.

El anciano y justo Simeón canta
y le dice a Dios
que ahora lo puede dejar ir en paz.
¿Por qué...?
¡Porque ya nada había
que esperar! "Mis ojos han visto
a tu Salvador...".

Y ese Salvador ha sido presentado
ante todos los pueblos
como luz para nuestra ceguera
y como signo de tu gloria.
¿Para qué vivir, entonces...?

¡Que tu Espíritu
nos mueva al canto de los enamorados!

17

JESUS FUE CONDUCIDO POR EL ESPIRITU AL DESIERTO Y ALLI VENCIO A LAS TENTACIONES

"Jesús, lleno del Espíritu Santo, regresó de las orillas del Jordán y fue conducido por el Espíritu Santo al desierto, donde fue tentado por el demonio durante cuarenta días" (Lc 4, 1-2).

CRISTO SEÑOR,
vencedor de toda tentación:
tú nos enseñas cómo responder
al demonio cuando nos ronda y tienta,
cuando quiere hacernos caer
y cuando nos mueve a torcer tu plan
y a ser infieles a tu testimonio.

Cuarenta días en el desierto
es toda una vida,
la cuaresma que debemos atravesar
para poder entrar en la tierra
de las promesas.
Es un caminar arduo,
con los pies desnudos y ardientes
sobre arenas que queman.
Podríamos arrepentirnos de haber
comenzado el camino.

Es posible que lamentemos
nuestra vocación de peregrinos:
¡Luchar es duro y cruento!

Pero, por suerte para nosotros,
encontramos en ti un ejemplo,
un camino y una respuesta:
¡Tu Espíritu nunca te abandonó!
¡Al contrario...,
siempre estuvo en tus labios
empujándolos a la buena respuesta,
a la respuesta coherente con un plan
que tu Padre te había dado...!

Te pedimos que tu Espíritu
también esté en nuestro corazón.
Podríamos estar tentados
de autoabastecernos y de creer,
ingenua o maliciosamente,
que *tener cosas*
es lo mismo que *ser más.*
Sólo el Espíritu que te condujo
y el mismo Espíritu que hoy nos conduce,
puede provocar en nosotros el grito:
—¡No sólo de pan vive el hombre!

Este bicho malo que es el diablo
(aunque no tenga cola y pezuñas,
trabaja sin descanso...),
nos empuja a la imprudencia
y nos vuelve locamente temerarios,
poniendo a tu Padre en el límite

de lo posible,
como forzándolo
a sacarnos siempre del pozo,
"obligándolo a salvarnos".
Sólo el Espíritu que te condujo
y el mismo Espíritu que hoy nos conduce,
puede provocar en nosotros el grito:
—¡No tentarás al Señor, tu Dios!

También la tentación
podría hacernos creer
que es mejor *tener poder*
a *servir en humildad.*
Podríamos fabricarnos muchos dioses,
cual nuevos becerros de oro,
para servirlos como al verdadero Dios.
Sólo el Espíritu que te condujo
y el mismo Espíritu que hoy nos conduce,
puede provocar en nosotros el grito:
—¡Adorarás al Señor, tu Dios,
y a El sólo rendirás culto!

¿Qué pasó, buen Jesús,
una vez que el Espíritu Santo
movió tus labios a la respuesta fiel?

"Una vez agotadas
todas las formas de tentación,
el demonio se alejó de ti,
para volver en el momento oportuno".

También de nosotros se alejará...
si damos las mismas respuestas.

18

JESUS SE ALEGRO EN EL ESPIRITU

"Jesús se estremeció de gozo, movido por el Espíritu Santo, y dijo: —Te alabo, Padre, Señor del cielo y de la tierra, por haber ocultado estas cosas a los sabios y a los prudentes y haberlas revelado a los pequeños" (Lc 10, 21).

BUEN JESUS, nuestro Dios y Salvador:
más de uno se jacta
de que en tus Evangelios
jamás se dice que te hayas reído...
Sí... Creo que es verdad.
Lo que no quiere decir
que no lo hayas hecho,
pues la buena risa es un signo
de la buena alegría,
y así como lloraste,
bien pudiste haber reído...

Pero lo que sí sabemos es que,
"movido por el Espíritu Santo",
te estremeciste de gozo.

No se nos dice que te hayas alegrado,
ni sólo que hayas tenido gozo,
sino que el Espíritu *te sacudió,*
te conmocionó...,
y eso no es lo mismo que sólo "alegrarse".
Tuviste una intensa alegría
y esa alegría te empujó a la alabanza.
Tu Espíritu te dio inteligencia
para descubrir lo que tu Padre
había hecho con los pequeños,
y también lo que tu Padre
no había hecho con los grandes,
con los que se creían algo,
"con los sabios y los prudentes".

¿No es el mismo Espíritu el que,
años antes,
había movido a tu Madre
a cantar y a alabar,
"estremeciéndola de gozo en Dios,
su Salvador",
por haber descubierto
las grandes cosas que había realizado
en su pequeñez de servidora
y, al mismo tiempo,
haber visto con ojo claro
cómo había dispersado a los soberbios
y derribado de su trono a los poderosos?

Sí... No fue el "otro espíritu"
sino *el* Espíritu...,
ese fuego de amor que procede de ti
y de tu Padre...

Esa persona que es empuje,
fuerza,
hálito de vida,
inteligencia y penetración,
alegría y capacidad para el canto...

Tú fuiste movido por el Espíritu Santo
y te estremeciste de alegría.
Entonces, cantaste y alabaste.
¡Todo un ejemplo!
¡Toda una actitud de alma
que nos manifiesta que nosotros
debemos hacer lo mismo!

¿Nos conmueve descubrir
lo que Dios hace en los pequeños,
en los niños según tu buena noticia?
¿Nos conmueve descubrir
que los pobres de espíritu
heredarán el Reino de los cielos?
¿Y que el Espíritu Santo
nos puede convertir en pacíficos
que construyen la paz, y en pacientes
y en capaces de buenas lágrimas,
y en justos y misericordiosos,
y en limpios de corazón
y en los que llevan la cruz siguiéndote?

Que el mismo Espíritu
que te sacudió de alegría,
me haga cantar las maravillas de tu Padre...

19

EL ESPIRITU SANTO ES UN BUEN MAESTRO Y DEFENSOR

"Cuando los lleven ante las sinagogas, ante los magistrados y las autoridades, no se preocupen de cómo se van a defender o qué van a decir, porque el Espíritu Santo les enseñará en ese momento lo que deben decir" (Lc 12, 11-12).

SEÑOR DIOS fuerte
y siempre presente
en nuestros corazones
y en nuestros labios:
soy muy cobarde
y mi pobre inteligencia no descubre,
muchas veces,
qué decir y en qué momento
decir lo que debo decir.
Me callo cuando debo hablar.
Hablo cuando debo callar.
En más de una oportunidad
mi ignorancia me ha impedido defenderte.
En otras ocasiones,
mi falta de valor me ha frenado
cuando tendría que haber acelerado
en mi palabra y en mi testimonio.

Leyendo hace poco un párrafo
del Evangelio
de tu Hijo, decía a sus discípulos,
ante la certeza de una persecución
ya empezada, que no tenían que preocuparse
de lo que deberían decir.
¿Por qué?
"Porque el Espíritu Santo les enseñará
en ese momento lo que deben decir".

Antes de ascender a ti,
tu Hijo nos enseñó también
que el Espíritu "nos recordaría"
lo que El nos había enseñado
durante su vida en medio de nosotros.
¿Y no es acaso con la palabra de Jesús
con la que tenemos que defendernos
y argüir?
¿Podemos defender tus razones
con nuestro razonamiento?
¿No has usado en otros tiempos
a tus profetas
para que sus labios
pronunciaran tus palabras?

¿No lo harías hoy también con nosotros,
tus hijos,
que queremos proclamar
la gloria de tu nombre?

¿Nos faltará hoy a nosotros
el Espíritu de valentía
que sobreabundó ayer
en los discípulos de tu Hijo?

¿Quedaremos mudos
ante quienes te desconocen
y ante quienes te combaten?

¿No pondrá tu Espíritu en nuestros labios
la palabra adecuada
para que sea luz que barra
con las tinieblas del error y de la mentira?
¿No pondrá tu Espíritu en nuestros labios
la palabra adecuada e inspirada
que es útil para darme la sabiduría
que conduce a la salvación,
útil también para enseñar
y para argumentar,
para corregir y para educar en la justicia?
¿Nos sería negada la palabra
que nos mueve a la perfección y al bien?

No tengo dudas de que tu Espíritu
sopla donde quiere,
pero tampoco tengo dudas
de que quiere soplar
allí donde se ansía su brisa.
¡No quiere caer en el vacío!

Y también debo reconocer
que tu Espíritu es creador,
y de un cobarde puede sacar un valiente:
Pedro lo sabe bien...
Pablo también se presentaba
"débil, temeroso y vacilante",
y tu Espíritu Santo lo hizo
fuerte, valeroso y decidido...
¿Logrará eso también en nosotros...?

20

EL ESPIRITU SANTO ES EL AGUA VIVA

"Señor, ¿de dónde sacas esa agua viva? Jesús le respondió: —El que beba de esta agua tendrá nuevamente sed, pero el que beba del agua que yo le daré, nunca más volverá a tener sed. El agua que yo le daré se convertirá en él en manantial que brotará hasta la vida eterna" (Jn 4, 11-14).

SEÑOR Y DIOS nuestro:
el agua que nos sacia plenamente
no es otra cosa sino tus dones:
— ¡Si conocieras el don de Dios...!,
dice tu Hijo a la samaritana...
Tu Palabra y tu redención
es el agua que debemos pedir,
a cada instante, pues a cada instante
tenemos sed y podemos morir,
cosa que tú no quieres.

¿Qué debemos hacer frente a tu don?
¡No otra cosa, sino recibirlo
y agradecerlo...!

¿Y qué es ese don
del cual nos habla tu Cristo?
¡Es "agua viva"!
"Agua" y "vida" van de la mano:
no hay una sin la otra.
Pero, es evidente que tú no te refieres
aquí al agua material,
al agua de los mares, ríos y lluvias.
Hay algo más... Uno de tus profetas,
en quien pusiste tus palabras
y por cuyos labios hablaste, nos dice:
— Es un crimen el que ha cometido
mi pueblo:
dejarme a mí, fuente de aguas vivas...

Construimos nuestros propios pozos
y, casi siempre tarde, descubrimos
que sólo producen aguas contaminadas.
Tu Palabra nos dice, muchas veces,
que el agua brotará de tu trono
y que de su abundancia surgirá
la salvación.

Tendríamos que dejar
nuestros pozos y gritar:
— ¡Señor, dame de esa agua
para no tener más sed!

La pobre samaritana
relacionó el agua con su pozo.
Pero sé que Jesús, tu Hijo,
iba más allá de todo pozo y de toda fuente.
¿Acaso no morimos

bebiendo nuestras aguas?
¿Producen la vida eterna?
¿Nos libran de la corrupción?
La respuesta es evidente:
los sepulcros pueblan la tierra...

El "agua viva" que tu Hijo quiere darnos,
brota de tu aljibe,
nace de tu corazón enamorado.
¿Qué otra cosa es "tu don",
sino la comunión de tu corazón,
la comunión de tu vida,
de modo que tú y yo nos hagamos uno?
¿Y cómo se logrará esa unidad
sin tu Espíritu,
constructor de Cristo en mi alma?
¿Cómo podré tener el rostro de tu Jesús
si tu santo Espíritu no lo va forjando,
como con un cincel se modela la materia
para que la idea del artista
trabaje el mármol o el oro
y salga de allí la belleza plasmada
en un signo?

Señor: dime dónde están tus aguas.
Señor: dime dónde se esconde tu pozo.
Señor: dime dónde están las aguas
de tu sabiduría.
Señor: dime cómo hacer
para abrirme a tu don.
Señor: que las aguas de tu Espíritu
me lleven a lo alto.

Señor: que los dones de tu Espíritu
me muevan y lancen
a testimoniar la vida de tu Hijo.
Señor:
haz que yo también sea agua viva que
dé vida a otros...

21

EL ESPIRITU SANTO NOS RECUERDA LA PALABRA DE CRISTO Y NOS CONDUCE A LA VERDAD

"El Paráclito, el Espíritu Santo, que el Padre enviará en mi nombre, les enseñará todo y les recordará lo que les he dicho.
Cuando venga el Espíritu de la verdad, él les hará conocer toda la verdad, porque no hablará por sí mismo, sino que dirá todo lo que ha oído y les anunciará las cosas futuras" (Jn 14, 26; 16, 13).

SANTO ESPIRITU de Dios
forjador de Cristo en nosotros:
Jesús nos hizo una promesa.
Y la promesa llegó a su cumplimiento.
¡Tú llegaste con esplendor,
viento y fuego!

¿Para qué viniste?
¿Cuál sería tu misión
en medio de nosotros?
Llegaste como maestro de vida:
—Él les enseñará todo...
Llegaste para educarnos,

para conducir un proceso
cuyo fruto final es
que Dios sea todo en sus elegidos.
Ante tu presencia,
¿qué otra cosa podríamos pedir
sino ser buenos discípulos?
¡Eso te pedimos!
Sabemos que eres buen maestro:
¡Haznos buenos alumnos,
abiertos a tus mociones!

También Jesús nos dijo que tú serías
un "ayuda-memoria" para la Iglesia:
—Él les recordará lo que les he dicho...

Recordar...
¿Qué es sino "volver a traer al corazón"
algo que en un momento estuvo en él...?
La palabra de Jesús
llegó a nuestros oídos como buena noticia.
Pero, además de tener dura la cabeza,
somos desmemoriados o...
recordamos sólo aquello
de lo que queremos acordarnos...
¡Cuánta fragilidad hay en nuestra pobreza!

Te pedimos, santo Espíritu de Dios,
que por tu acción,
la palabra viva de Jesucristo
se grabe en nuestros corazones
y cale hondo, de modo que
pueda cambiar nuestras vidas

y convertirlas según el plan
de amor de Dios.

Pero, Cristo nos dijo también
que nos abrirías a una verdadera boda:
—él les hará conocer toda la verdad...
Y sabemos bien que en la Biblia,
"conocer" es entrar en comunión
de intimidad
con aquel a quien se conoce,
es desposarse con El.
Condúcenos a las bodas con la verdad.
Sólo así seremos libres
para amarla como al sumo bien.

Nos dijo también Jesús
que no hablarías por ti mismo:
—Dirá todo lo que ha oído...
¿Qué has oído...?
La palabra de amor del Padre.
La palabra de amor del Hijo.
Escuchaste la revelación de intimidad
de un proyecto bueno,
del proyecto de un Dios
que es "el enamorado".

¿Qué te pediremos hoy...?
¡Haznos conocer y gustar
el contenido de ese plan
que anuncia y anticipa
"las cosas futuras"...,
el Reino pleno...!

VI

EL ESPIRITU SANTO EN LA VIDA DE LA PRIMERA IGLESIA

22

LOS APOSTOLES SON ELEGIDOS POR OBRA DEL ESPIRITU SANTO Y RECIBEN DE EL SU MISION

"En mi primer libro, querido Teófilo, me referí a todo lo que hizo y enseñó Jesús hasta el día en que subió al cielo, después de haber dado, por medio del Espíritu Santo, sus últimas instrucciones a los apóstoles que había elegido. Dijo Jesús: —Recibirán la fuerza del Espíritu Santo que descenderá sobre ustedes, y serán mis testigos en Jerusalén, en toda Judea y Samaría, y hasta los confines de la tierra" (Hch 1, 1.8).

SANTO ESPIRITU de Dios,
forjador de Cristo en nosotros.
Poco antes de ascender al Padre,
tú moviste a Jesús
a hablar a sus discípulos,
dándoles sus últimas instrucciones.
¿Qué dijo Jesús a sus apóstoles?
— Recibirán la fuerza del Espíritu Santo
que descenderá sobre ustedes...

O sea que, además de ser “maestro”
y “ayuda-memoria”,
eres fuerza, poder y empuje,
movimiento que nos impulsa
hacia adelante, hacia lo alto,
hacia lo profundo...

Yo soy débil.
Y también lo son mis hermanos.
Sé tú nuestra fuerza, hoy y aquí,
como lo fuiste para otros,
ayer y allí...,
en los caminos de Cristo
en medio de nosotros.
Viendo lo que ellos hicieron
y sabiendo que fueron hombres,
como nosotros lo somos,
frágiles y vacilantes, te reiteramos:
¡Sé tú nuestra fuerza,
en medio de nuestras dificultades
y penurias,
de nuestras confusiones y desorientación!
¡No nos dejes solos...!

Los apóstoles de Cristo te recibieron
y, fortalecidos con tu presencia,
se convirtieron en testimonio viviente
de Jesús.

Pues bien... nuestra fe se apoya
en la fe de esos testigos eminentes
de la resurrección de Cristo.
Debemos ser testigos
de ese acontecimiento.

Somos confirmados con la plenitud
de tu don para el testimonio bautismal
de una presencia y de una vida:
la de Jesús.

Tú nos haces cristos.
¡Tú nos haces Cristo,
un Cristo expandido
en los miembros de la Iglesia!

Tu fuerza nos hace olvidar
nuestra debilidad.
¡Más aún!
Tú permites que Cristo-fuerte
reemplace a ese hombre débil que somos
cada uno de nosotros.
Entonces, en nuestra debilidad
radicará nuestra fuerza,
que es la de Jesús triunfador
sobre la muerte...
sobre todas las muertes.

No te retires de mí.
Si lo hicieras,

Cristo moriría en mí
y no podría testimoniarlo ni prolongarlo.
Se haría silencioso en un mundo
que necesita su palabra de vida y de amor.

Fortalece en nosotros
la vocación que Jesús nos dio
y danos entusiasmo
para la misión y el testimonio...

23

EL ESPIRITU SANTO LLAMEO EN PENTECOSTES

"Al llegar el día de Pentecostés, estaban todos reunidos en el mismo lugar. De pronto, vino del cielo un ruido, semejante a una fuerte ráfaga de viento, que resonó en toda la casa donde se encontraban. Entonces vieron aparecer unas lenguas como de fuego, que descendieron por separado sobre cada uno de ellos. Todos quedaron llenos del Espíritu Santo, y comenzaron a hablar en distintas lenguas, según el Espíritu les permitía expresarse" (Hch 2, 1—4).

SEÑOR DIOS, nuestra fortaleza:
tus discípulos festejaban
el acontecimiento del viejo Pentecostés,
cuando tú diste la ley a tu pueblo,
y ocurrió algo insólito, algo
que dejó a todos perplejos y que
los conmovió, haciéndolos
hombres nuevos.
En ese instante
nace, como enviada y misionera,
la Iglesia de tu Hijo Jesús.

Estaban reunidos en oración,
junto con María,
esperando que algo sucediera,
aunque no sabían a ciencia cierta qué sería.
Pero lo que sí era importante
es que esperaban,
confiando en la promesa de su Maestro.
Esperaban una fuerza de lo alto.
Esperaban un intercesor,
alguien que les recordara las palabras
de tu Hijo
y las grabara en la memoria de la Iglesia.
Esperaban a aquel
que los iba a conducir al conocimiento
de toda verdad, al desposorio íntimo
con tu verdad.
¿Cuánto duraría la espera?
¡No lo sabían!
¿Qué haría con ellos el Espíritu?
¡Tampoco lo sabían!

De modo inesperado,
los acontecimientos comenzaron
a acelerarse.
Se oyó un ruido venido del cielo,
como de un fuerte viento.
Todos lo escucharon
e invadió los espacios de la casa.
Un signo sensible —el del viento—,
quería manifestar una realidad invisible
—la del Espíritu—. ¿No sería ese Espíritu
un empuje tan fuerte

como lo es el viento,
capaz de arrasar y arrancar?

Pero también vino el fuego:
consagración sobre las cabezas
de los discípulos,
mano de bendición sobre
los ungidos por ti para el testimonio.
¡Y el fuego quema!
¿No sería ese Espíritu
un fuego que elimina toda escoria,
que es capaz de fundirnos
como funde al metal
y lo deja apto para que el orfebre
lo modele según su idea de artista?
¿No será el Espíritu fuego que penetra
y no deja espacio sin purificar?

¡Todos quedaron llenos del Espíritu!

¿Para qué?
Para que se cerrara el ciclo de Babel,
en que las inteligencias y las lenguas
quedaron trabadas y confundidas,
y se iniciara el ciclo de la luz,
de la comunión y de la voz,
el ciclo de la Palabra
que barre con toda sordera...

24
DE COBARDE A VALIENTE...

"Pedro, lleno del Espíritu Santo, dijo..." (Hch 4, 8).

SEÑOR JESUS,
fuerza de los que creen en ti:
tus apóstoles Pedro y Juan
predicaron en Jerusalén
y anunciaron al pueblo
que la resurrección de entre los muertos
se había cumplido en ti.
Esto bastó para provocar irritación
por tales afirmaciones.
Los hicieron comparecer para juzgarlos
y para que se retractaran de lo dicho.
—¿Con qué poder o en nombre de quién
hicieron ustedes eso?
Juan y Pedro no eran superhombres,
sino sólo hombres.
Con toda la capacidad de miedo
que un hombre puede tener
en circunstancias adversas y peligrosas.

¡Conocían a dónde te llevó
decir que eras Hijo de Dios!
Pedro, como en otras ocasiones,
tomó la palabra.
Pero antes de hablar,
tu santo Espíritu habitaba en él.
(El gran problema no era sólo
la predicación,
sino que habían curado
a un paralítico de nacimiento...).

Tu amigo dijo muchas cosas:
—éste hombre está aquí sano
delante de ustedes
por el nombre de nuestro Señor
Jesucristo de Nazaret...

No se arrogan poder propio y personal,
sino que todo era por tu fuerza:
solos, nada podían.
Contigo, todo lo podían...
Hasta aquí, todo hubiera ido bien:
a una pregunta, respondieron. Pero...
tu Espíritu no podía dejar a Pedro
sin que añadiera algo que pusiera
las cosas en su lugar
y moviera a la conversión
a los interlocutores:
— ...al que ustedes crucificaron
y Dios resucitó de entre los muertos.

¡El miedo echaba a correr!
¡La cobardía desaparecía de sus
corazones! ¿Qué tenían que perder?

¿La vida? ¿La honra...?
¡Nada!
Sabían que todo lo podían
en ti, que los confortabas...
Esta respuesta,
fruto del Espíritu Santo,
los dejó sorprendidos y sin habla...
Algo parecido a lo que decían de ti:
—¿De dónde le viene esta ciencia...?

Les prohibieron hablar.
Los amenazaron.
¿Respuesta...?
El Espíritu puso en sus labios
lo que tenían que decir:
— juzguen si está bien
a los ojos del Señor
que les obedezcamos a ustedes antes
que a Dios.
Nosotros no podemos callar
lo que hemos visto y oído.

Nuevas amenazas... De nada valieron...
La persecución se cernía sobre ellos.

No podemos callar...
Tu Espíritu soplaba tan fuerte
en sus corazones y hasta en sus entrañas,
que lo que ellos hacían era "de otro"...

Señor Jesús, mi fuerza;
que tu Espíritu nos llene
para que podamos afirmarte
ante los hombres..., con valentía.

25

EL ESPIRITU ES TESTIGO, CONSUELO Y ALEGRIA PLENA

"Nosotros somos testigos de estas cosas, nosotros y el Espíritu Santo que Dios ha enviado a los que le obedecen" (Hch 5, 32). "La Iglesia se iba consolidando, vivía en el temor del Señor y crecía en número, asistida por el Espíritu Santo" (Hch 9, 31). "Los paganos, llenos de alegría, alabaron la Palabra de Dios y todos los que estaban destinados a la vida eterna abrazaron la fe (...). Los discípulos, por su parte, quedaron llenos de alegría y del Espíritu Santo" (Hch 13, 48.52).

SEÑOR JESUS,
concebido por obra
del Espíritu Santo:
¡Qué esperanza y ánimo nos da
leer ese verdadero "quinto evangelio"
de los Hechos de los apóstoles,
de la gesta de tus primeros discípulos,
de la aventura de quienes se lanzaron
a gritar al mundo que tú estabas vivo
y que eras Señor de vivos y muertos,
por haber pasado de la muerte a la vida...!

¡Ofrendaste tu pascua
para que pudiéramos vivir
como resucitados,
de pie...!

Vemos que tu Espíritu acompañó
los pasos de tus amigos,
como la columna de fuego
en la noche del Exodo...
¡Pero desde dentro, como luz y fuego,
como suave brisa y, a veces,
como huracán violento!
El testimonio del Espíritu
acompañó (y acompaña)
el testimonio de tu Iglesia,
haciéndose una misma voz:
el Espíritu y la Iglesia dicen: ¡Amén..., sí!
¿Y qué afirman con su testimonio?
Tu Resurrección.
La derrota del demonio.
El valor de la ofrenda.
La restauración de los hombres.

El Espíritu es testigo,
consuelo y alegría plena.
Lo demuestra con los signos
que tú realizaste, con los milagros
con que el poder de tu Padre
se hace epifanía luminosa en tu carne.

Es testigo de tu perdón
y nos anima a pedir perdón:
—¡Piedad, Señor...!

Es testigo de tus curaciones
y nos impulsa a curar al hermano:
—¡Señor, sana mis heridas
y que pueda curar las de los míos...!
Es testigo de tu palabra
y enseñanza de maestro:
—¡Señor, que tu Espíritu
me haga buen discípulo
y que ponga en práctica tu palabra!
Es testigo de tu calvario,
donde diste la vida por tus amigos
y así demostraste la medida de tu amor:
—¡Señor: haz que mi vida no sea mía
sino tuya y de mis hermanos!
Es testigo de un sepulcro vacío y mudo,
de tu retorno a la vida,
para jamás volver a ocupar una tumba:
—¡Señor, dame la gracia
de vivir como resucitado,
dejando atrás tantas muertes
amigas de la muerte!
Es testigo de que mis labios
pueden llamar "Padre" a nuestro Dios:
—¡Señor: que jamás reniegue
de la adopción a la que soy llamado
y que me inserta en una familia de hijos
y de hermanos!
Es testigo y autor de lo que pone
en mis labios
para que hable de ti ante el mundo:
—¡Señor: dame fidelidad creciente
y la paz y alegría que de ella brotan!

26
EL ESPIRITU SANTO NO TIENE FRONTERAS

"Mientras Pedro estaba hablando, el Espíritu Santo descendió sobre todos los que escuchaban la Palabra. Los fieles de origen judío que habían venido con Pedro quedaron maravillados al ver que el Espíritu Santo era derramado también sobre los paganos. Pedro dijo: —¿Acaso se puede negar el agua del bautismo a los que recibieron el Espíritu Santo como nosotros?" (Hch 10, 44-45.47)

SEÑOR DIOS, creador de cielo y tierra:
sabemos que el mundo
es signo de tu amor,
pero también sabemos que tú eres
mucho más grande que tu creación,
y que el cielo y la tierra,
los millones de galaxias
y sistemas estelares,
todo lo que el hombre es y hace,
las macrocomputadoras
y las maravillas de la ciencia,
son nada frente a tu ser y tu poder.

Todo lo hiciste por tu Espíritu,
y todo lo recreaste por el Espíritu
que movió a la humanidad
de tu Hijo Jesús a entregar su vida antes
de que se la quitaran.

Ese Espíritu es soplo que recorre
el mundo,
de polo a polo, en selvas y trópicos,
en aguas profundas y fecundas
y también en los ríos secos y nostálgicos
de caudal perdido.
Ese Espíritu sopla sobre ricos y pobres,
sanos y enfermos,
fuertes y escuálidos.
También sopla en los malos,
sólo que éstos no se dan cuenta de ello
y no escuchan la música de tus brisas...

Muchos discípulos de tu Cristo
creyeron que sólo actuaría
en los hijos del antiguo pueblo,
sin darse cuenta de que Jesús
había puesto punto final al pasado,
no por negación, sino por plenitud:
¡Nada más había que esperar!

Pero la misma acción de tu santo Espíritu
abre los ojos de sus inteligencias
y los impulsa a aceptar lo evidente:
¡El Espíritu hace también maravillas
entre los paganos!
¡Cambian sus corazones!

¡Profetizan!
¡Convierten sus vidas!
¡Creen y piden ser bautizados!
¡Son capaces del martirio,
dando su sangre por tu causa!

No se puede encerrar al Espíritu
en las cuatro paredes de nuestra habitación.
¡Ni siquiera en las grandes habitaciones
de tu Iglesia!
Y esto no porque no podamos tener
un corazón grande
ni porque tu Iglesia no sea casa espaciosa,
sino simplemente porque el Espíritu
se cuela por las hendijas de las puertas
y por los mínimos huecos
que le ofrece cualquier hombre
y cualquier coyuntura de la historia.
Obró maravillas en Naamán: un pagano.
Obró maravillas en la viuda de Sarepta:
una pagana.
Obró maravillas en el centurión romano:
un pagano.

¡Y seguirá haciendo maravillas,
porque sopla sobre quien quiere,
cuando quiere
y donde quiere...!

Señor Dios:
dame ojos para ver y oídos para oír.
Haz que sepa leer la historia
que tu Espíritu escribe,
y que no me vuelva ciego ante sus luces...

VII

El Espiritu Santo en Pablo, un amigo de Jesus

27

EL AMOR DE DIOS SE HA DERRAMADO SOBRE NOSOTROS POR EL ESPIRITU

"La esperanza no quedará defraudada, porque el amor de Dios ha sido derramado en nuestros corazones por el Espíritu Santo, que nos ha sido dado" (Rm 5, 5).

DIOS Y PADRE nuestro:
el apóstol Pablo nos dice
que "la esperanza no quedará defraudada".
¿Por qué?
Porque tu amor "ha sido derramado
en nuestros corazones
por el Espíritu Santo,
que nos ha sido dado".

¡Qué hermosa constatación!
No nos será negado tu bien.
No nos quedaremos en el camino
y llegaremos
—en el cara a cara contigo—
a verte y a poseerte
(aunque, en verdad...
¡seremos poseídos por ti!).
No nos faltará

ni la paciencia ni la fortaleza
para avanzar, contra viento y marea,
por el camino que concluye en ti.
Desde ya, podemos dar razón
de esa esperanza que nos mueve,
al ver que jamás le fallaste
a tu pueblo.

Y se nos da el motivo
por el cual no seremos estafados
en esa semilla de esperanza:
¡Tu amor está en nosotros
como en su casa!
¡Lo hemos recibido con hospitalidad,
como otros zaqueos
que reciben a tu Hijo Jesús!
Pero aquí hay algo que importa,
¡y mucho!:
tú nos has dado tu Espíritu
y, por ese Espíritu,
nos has obsequiado tu amor.
Nos has amado con tu amor.

Ese Espíritu
nos mueve a llamarte "Padre".
Ese Espíritu nos mueve
a amarte como Padre.
Y a amar al prójimo
como se ama a un hermano.
Y a amar al mundo entero
como tú lo amas,
en tu Hijo, nueva creación.

Y a amar tu proyecto de redención
tal como lo plasmas,
minuto a minuto y segundo a segundo,
fabricando la imagen de tu Hijo
en los llamados,
como un orfebre va gestando su idea
al labrar el oro y la plata,
para ofrecernos una joya luminosa
allí donde, antes,
sólo había una chapa de metal
o una fibra o una piedra...

Tu amor no ha sido dado con
mezquindad,
sino que ha sido derramado, rebosante,
como un vino denso que desborda
la copa...
No lo merecemos.
Es tu obsequio.
Pero una vez que tú me lo das, es mío.
Empújanos, Dios Padre,
con el viento de tu Espíritu,
para que nos quememos en su fuego
y demos calidez
a quienes sienten frío...

28

NUESTRO CUERPO ES TEMPLO DEL ESPIRITU SANTO

"¿No saben que sus cuerpos son templos del Espíritu Santo, que habita en ustedes y que han recibido de Dios? Por lo tanto, ustedes no se pertenecen, sino que han sido comprados, ¡y a qué precio! Glorifiquen entonces a Dios en sus cuerpos" (1Co 6, 19–20).

ESPÍRITU SANTO,
Señor de mi alma y de mi cuerpo:
el apóstol Pablo dice a sus discípulos
que nuestros cuerpos son tu templo.
¿Por qué lo dice?
¿No será para que tomemos conciencia
de nuestra dignidad
ante la devaluación que hacemos
de nuestros cuerpos,
de nuestra sensibilidad,
de nuestros afectos manifestados?

¿No será para que tomemos conciencia
de que no nos pertenecemos
—como él mismo lo dice,
sino que hemos sido comprados

por el Padre,
al precio de la sangre de tu Hijo?

¿No será para que tomemos conciencia
de que, desde nuestro bautismo,
somos tan miembros de Cristo
como una rama lo es del tronco principal?

Tú, Espíritu Santo de Dios,
estás en lucha permanente
contra "la carne",
tal como el Hijo, luz del mundo,
está en guerra a muerte contra
"el mundo" y "las tinieblas".

Esa "carne" constituye el cono de sombras
que frena tu mano y le impide
plasmar en nuestras caras
el rostro de Jesús,
único rostro que será reconocido
por el Padre.

Los excesos de la carne son, en realidad,
frenos a tu obra.

Y, además, son atentados
contra nosotros mismos,
pues hemos nacido para la pureza,
para el ojo limpio que nos permite
ver al mundo como bueno
y así ser llamados hijos de Dios.

La sensibilidad es cosa buena
y obra de nuestro Padre.

La sensualidad es el abuso
de la sensibilidad
y la quiebra de su real vocación.

Queremos que tú nos animes,
que nos des un alma nueva
de modo que el libertinaje,
la impureza y la fornicación
no estén en nuestro hogar,
pues quiere ser tu casa.

Queremos ser como niños
en orden a la malicia,
para que tú nos conviertas
en adultos, según tu sabiduría.

Queremos que así como
el cuerpo y el alma
alaban a Dios en la oración,
también almas y cuerpos
alaben a Dios en la conducta diaria,
de modo que mostrándonos al mundo
reconozca el rostro de Jesús
él, forjado por tu acción...

29

HAY DISTINTOS DONES PERO UN MISMO ESPIRITU

"Nadie puede decir: —Jesús es el Señor, si no está impulsado por el Espíritu Santo. Hay diversidad de dones, pero todos proceden del mismo Espíritu. En cada uno el Espíritu se manifiesta para el bien común. El Espíritu da a uno la sabiduría para hablar; a otro la ciencia para enseñar, según el mismo Espíritu (...). Pero en todo esto, es el mismo y único Espíritu el que actúa, distribuyendo sus dones a cada uno en particular como El quiere" (1Co 12, 3-5.7-9.11).

DIOS ESPÍRITU,
Dios de quien nos vienen
tantos dones:
no podemos negar al Hijo
ni afirmarlo como Señor de la historia
y centro del universo,
si tú no mueves nuestros labios
y nuestras mentes,

poniendo en ellos
intenciones y palabras.

Tú pusiste en los labios
de los perseguidos
lo que tenían que decir,
aliviándolos de tal preocupación.
Tú testimoniaste a Cristo en ellos.

No hay varios "Espíritus",
sino sólo tú,
único Espíritu Santo de Dios,
que abres mis labios
para que canten tu alabanza.
Y tanto tu persona como tus dones
son "carismáticos",
no para que me regocije en ellos
y menos aún para que los ponga
en una vitrina de museo,
sino para que sirvan a la comunidad,
a la Iglesia de los hijos y hermanos.

Tu sabiduría es un don
que me permite penetrar
en el misterio de la vida de Dios
y, entonces, "hablar" de lo antes visto.

Tu ciencia es un don menos perfecto:
me hace conocer
pero sin el sabor de tu sabiduría.
Sin embargo, ¡que venga,
para que pueda enseñar
según lo que tú me revelas!

Me has dado la fe
y sé muy bien lo que digo:
"Me la has dado".
No la he ganado con mi talento
ni con mi esfuerzo.
Ni con mi desesperada búsqueda.
Ni revolviendo libros y viejos
pergaminos
de maestros de todos los tiempos.
¡Nada sobre ella me podrían dar!
Tú has abierto mis ojos para que,
mirando los ojos de Jesús,
pudiera leer en ellos los ojos de su
Padre.

Otros, gracias a ti, pueden curar.
Y otros, hacer milagros o profetizar.
O también juzgar el valor de tus dones.
Otros hermanos
profesarán tu nombre
en las lenguas de todo hombre
derribando la torre de Babel
y su confusión.
Otros interpretarán las posibles
lenguas extrañas que tú pronuncies.
Pero queda algo en claro:
sólo de ti proceden y sólo tú los
obsequias.
¡ Dámelos!

30

DONDE ESTA EL ESPIRITU HAY LIBERTAD Y FRATERNIDAD

"El Señor es el Espíritu, y donde está el Espíritu del Señor, allí está la libertad" (2Co 3, 17). "La gracia del Señor Jesucristo, el amor de Dios y la comunión del Espíritu Santo permanezcan con todos ustedes" (2Co 13, 13).

SEÑOR DIOS, Santo y fuerte:
tú nos has dado el espíritu de libertad
para que podamos ser buenos y santos,
como tú eres bueno y santo.
Animados por la esperanza
podemos gozar de la libertad
de los hijos de Dios,
tal como tú nos la has dado,
en el seno de una familia
de hijos y de hermanos.

Cuando tu Hijo aún no había pisado
nuestra tierra con sus pies de redentor,
éramos esclavos de otros
y de nosotros mismos.

Necesitábamos de una ley
que frenara nuestra malicia.

Ahora, con la ley de tu Espíritu,
grabada no en tablas de piedra
sino en nuestros corazones,
todo ha cambiado.
Ahora, en ese Espíritu,
puedo mirar hacia lo alto y decir:
¡El cielo es mío!
Ahora, en ese Espíritu,
puedo leer los ojos de los hombres, y
decir: ¡Eres mi hermano!
Ahora, en ese Espíritu,
puedo adentrarme a lo más recóndito
de mi corazón, y decir:
¡Soy libre!

Señor Dios, santo y fuerte:
dame la gracia de reconocer,
cada día, cada hora y cada minuto,
que las cadenas no han sido hechas para
mí y que el cielo de los libres,
la patria de tus hijos,
sí ha sido hecha para mí.
Ahora, gracias al espíritu de libertad,
puedo volar hacia las altas cumbres
y mirar al sol, sin pestañear,
sintiendo que ese aire es mi aire.

Ahora puedo penetrar
en lo más hondo de las cosas
y descubrir, con inteligencia clara,
que tú nos has dado el señorío
sobre la tierra, para que la convirtiéramos
en el nuevo paraíso de la libertad.

Ahora, desde las luces de tu Espíritu,
descubro, con ojo profundo,
que nos has hecho libres para ti
y que nuestro inquieto corazón
no descansará hasta que repose en ti.

Pero, recién ahora, desde la ley nueva
de la luz y la caridad,
descubro qué es
"la comunión del Espíritu Santo".
Es la comunión lograda por ese Espíritu.
Es la familia fraterna en Cristo-Hermano.
Es tu familia de hijos
que pueden llamarte "Padre".
Es la Iglesia congregada
por la sangre de Jesús.
Es la Iglesia enviada,
de dos en dos, de la mano,
como hermanos,
hasta los confines de la tierra
para proclamar que eres Padre,
para gritarle al mundo que tu Hijo
se revistió de nuestra carne,
para cantar las maravillas que tu Espíritu
hace cuando encuentra corazones abiertos
y brazos aptos para la fatiga del Evangelio.

¿Qué podría pedirte?
Señor: hazme libre para ti
y para el bien del hermano.
Sólo así, podrás reconocerme
y podré reconocerte...

31

LOS FRUTOS DEL ESPIRITU SANTO

"El fruto del Espíritu es: amor, alegría y paz, magnanimidad, afabilidad, bondad y confianza, mansedumbre y temperancia (...). Si vivimos animados por el Espíritu, dejémonos conducir también por él" (Ga 5, 22-23.25).

SEÑOR DIOS, dador de todo bien:
tu Espíritu de amor está siempre
con nosotros,
para que podamos ser tus testigos.
"La carne" y "el mundo",
son esas nubes espesas
que opacan el rostro de tu Hijo
e impiden que nosotros lo reflejemos
en nuestros rostros y en nuestras vidas.

Tu Espíritu, en cambio,
produce frutos que nos hacen felices
y que son coherentes con los dones
que tú nos has dado
para que seamos, en verdad,
otros cristos,
seguidores e imitadores de Jesús.

“La carne” pelea contra tu Espíritu.
¡Y la lucha es a muerte!
La fornicación nos impide
tratar a nuestros cuerpos
como templos de tu Espíritu.
Las impurezas y el libertinaje
nos mueven a devaluarnos en los caminos
de Cristo casto y virgen.
La idolatría y la superstición
nos hacen fabricarnos
nuevos becerros de oro,
poniéndolos en el pedestal
que sólo tú debes ocupar.
Las enemistades y peleas,
las rivalidades y violencias,
nos hacen enfrentar al otro
como si fuera nuestro enemigo,
sembrando nuestras vidas
de trincheras y cañones,
haciendo que apretemos nuestros puños
para descargarlos sobre el hermano.

Las ambiciones y discordias,
los sectarismos, disensiones y envidias
y todo aquello que tu Hijo aborrece,
nos frena en nuestro crecimiento
como hombres
y en nuestro progreso como cristianos.

Por eso, Señor Dios, dador de todo bien:
te pedimos que tu Espíritu Santo
venga en nuestra ayuda
y que sus flores y frutos crezcan

como don de la semilla
que la Palabra de tu Hijo plantó.

Que el amor invada nuestro corazón
y lo haga salir al encuentro del otro,
para convertirlo en hermano.
Que la alegría y la paz sean el efecto
de nuestra fidelidad.
Que la magnanimidad
ensanche nuestros corazones
para que amen las cosas grandes
y de modo grande.
Que la afabilidad, la bondad y la confianza
afiancen nuestras relaciones
con los demás,
y que ninguna quiebra y fisura las rompa.
Que la mansedumbre nos haga semejantes
a tu Hijo, manso y humilde de corazón.
Que la temperancia
nos haga usar ordenadamente
de todas las cosas, con armonía,
sabiendo que los bienes de la tierra
tienen que ayudarnos a obtener
los bienes del Reino.

Te pedimos también que,
animados por tu santo Espíritu de amor
nos dejemos conducir por El,
buscando sólo tu gloria.
Sólo así, tú estarás en nosotros
y nosotros en ti,
y así seremos uno como tú eres uno
con tu Hijo y el Espíritu...

32

¡NO ENTRISTEZCAMOS AL ESPIRITU SANTO!

"No entristezcan al Espíritu Santo de Dios, que los ha marcado con un sello para el día de la redención" (Ef 4, 30). "No extingan la acción del Espíritu" (1Ts 5, 19).

JESUS, HIJO DE DIOS
y ungido por el Espíritu Santo:
tu apóstol Pablo nos habla y nos pide
no entristecer al Espíritu Santo de Dios.
¿Qué quiere decir con eso?
¿Cómo y por qué motivos
el Espíritu se pondría triste?

Por los mismos motivos
por los que tú te apenaste:
por la dureza de corazón de los hombres.
Por la falta de caridad
para con el hermano.
Por nuestro fariseísmo
que pone pesadas
cargas sobre las espaldas del otro,
pero es incapaz de asumir un gramo.

Por nuestra capacidad de mentira
que hace que nuestro sí sea no,
y nuestro no, tal vez...
Por nuestra altanería y soberbia
que nos hace ocupar los primeros sitios
desdeñando a quienes
están en el último lugar.
Por juzgar con dureza y anhelar
ser enjuiciados con blandura.
Por ser mezquinos y tardos para el perdón
y rápidos en reclamarlo.
Por no ponernos a los pies del hermano
para lavárselos y servirlo.
Por nuestra ingratitud
que nos hace no volver a ti
para reconocer que curaste mi lepra.

Tú te entristeciste mucho por esto
y también el Espíritu llora
los mismos hechos.

Pero hay más motivos de tristeza,
tanto para ti como para el Espíritu:
por tantos hijos pródigos
que no emprenden el camino
de retorno al Padre.
Por tantos ricos en su corazón
que no son capaces de dejarlo todo
y seguirte.

Por tantos a quienes tú tiras del caballo
—como a Saulo—,
pero que se suben de nuevo

y no quieren curar su ceguera.
Por tantos jueces inicuos
que no atienden el reclamo de las viudas
pobres, y por tantos corruptos
que explotan la miseria de los pequeños.
Por tantos que no quieren
hacerse como niños.
Por los que consideran duras tus palabras
y te dejan,
al no querer aceptar las consecuencias
de tu mirada y de tu llamado.
Por los narcotraficantes y por sus víctimas,
por los señores de los misiles
y de mortíferas armas
y por quienes lucran con ellas:
no te reconocen como Dios de la vida
y Señor de la paz.

Jesús, Hijo de Dios:
¡Danos la gracia de no frenar
la mano de tu Espíritu
ni extinguir su obra:
apagaríamos tu fuego!

¡Que mi vida sea la alegría del Espíritu!

VIII

El Espiritu Santo en otras voces

33

TENEMOS EN EL CORAZON LA UNCION QUE VIENE DEL ESPIRITU

"Ustedes recibieron la unción del que es Santo y todos tienen el verdadero conocimiento. La unción que recibieron de El permanece en ustedes y no necesitan que nadie les enseñe" (1Jn 2, 20.27).

JESUS, EL SANTO entre los santos:
tu Palabra ha sido escuchada
por nosotros
y recibida con fe y hospitalidad.
En esa Palabra viva
que tanto conmovió a tus discípulos
que se preguntaban de dónde te venía
tanta ciencia;
el Espíritu actúa y teje
en nuestras historias
la trama de la salvación
que tú tejiste en la historia
de tu humanidad.

Esa unción que tú nos has dado,
no es friega con ungüentos medicinales,
ni aceites que obrarían maravillas
en quienes los usaran,

sino la acción de tu Padre
que saca de nuestros corazones
una respuesta
ante una pregunta recibida:
tu Palabra nos interrogó.
Nuestro Bautismo te respondió.
El baño de regeneración
—por el agua y el Espíritu—,
fue el lugar de diálogo
entre tu Pascua y mi vida,
entre la sangre con que me lavaste
y el pecado con que te ofendí.

Hemos sido marcados con un sello
y confirmados con el fuego y el Espíritu.
Y esa marca es la de nuestro dueño.
Y por esa marca seremos reconocidos
como legítimos habitantes de su casa.
No somos inquilinos "de paso",
sino herederos de un llamado.

Ese sello ha puesto en nuestros corazones
las primicias del Espíritu,
el anticipo de los bienes celestiales
que Dios ha prometido a sus elegidos.

¿Qué te pediremos?
Ser los elegidos de tu Padre.
¿Y qué más?
No soltar tu mano
ni dejar de transitar por tu camino,
para no perder el rumbo
y así llegar a nuestra patria.

¿Hay algo más que necesitemos?
No renegar de nuestra condición
de bautizados,
de aquellos que nos hemos refugiado
en el Arca
y hemos sido salvados del diluvio;
de aquellos que a pie desnudo
fuimos capaces de cruzar
el mar Rojo sin ahogarnos.

Te pedimos matar en nosotros
al hombre viejo que nos entristece
y, por el contrario,
permitir que tú nazcas
en nuestros corazones,
de modo que como Palabra viva
y vivificante,
permitas que el Espíritu susurre
a nuestros oídos,
las palabras buenas
que tu Padre pronuncia...

34

SOMOS EMPUJADOS POR EL ESPIRITU PARA HABLAR LA BUENA PALABRA

"Ninguna profecía ha sido anunciada por voluntad humana, sino que los hombres han hablado de parte de Dios, impulsados por el Espíritu Santo (2P 1, 21).

ESPIRITU SANTO
Dios y Señor:
Pablo, el gran apóstol
de las naciones paganas,
nos da una enseñanza:
que la Palabra de Dios
es palabra inspirada desde lo alto.
Que los escritos bíblicos
no son obra humana
ni de nuestro querer,
sino que quienes los escribieron
lo hicieron "impulsados" por ti,
movidos por tu fuerza
e iluminados por tu luz.

Tú los inspiraste
y, sin tu presencia,

esas palabras habrían sido
"palabra de hombre";
pero hoy,
al saber de tu presencia,
cuando la leemos y proclamamos,
en soledad o ante la asamblea cristiana,
podemos decir: —¡Palabra de Dios!,
y no es falso lo que decimos.

Hoy quiero darte gracias
por tu presencia
en las inteligencias de esos hombres,
Isaías, Jeremías, Salomón y David,
Mateo, Lucas, Marcos y Juan,
y también Pablo y sus amigos.
Quiero darte gracias
porque moviste su pluma
y así, de este modo,
la Palabra de Dios pudo ser escrita
con las letras y la tinta
de los hombres.
Los dos obraron:
tú y los escritores.
Pero no tengo la menor duda
de que tú eres el actor principal
y el autor principal
del libro más vendido,
del libro de los libros,
de esa inmensa biblioteca
que nos hace conocer la historia de Dios
balbuceada en la historia de los hombres.

Y por las voces de esos hombres
que hablaron de parte del Padre
movidos por ti,
nos enteramos de todo lo que necesitamos
para vivir como hijos de Dios
y hermanos entre los hombres;
de todo lo que necesitamos
para encontrar el camino
que conduce al Reino;
de todo lo que necesitamos
para que nuestros corazones
se llenen de fervor
ante Cristo que proclama la Palabra
y se proclama en la Palabra
y, bien dispuestos por tus impulsos,
podamos reconocerlo al partir el pan...

Te pedimos ser devotos
de la Palabra de Dios.
Leerla y orarla.
Venerarla como se adora al Hijo de Dios.
Guardarla en el corazón...,
como María lo hizo.

35

¡EL QUE TENGA OIDOS QUE ESCUCHE LA VOZ DEL ESPIRITU!

"El que pueda entender, que entienda lo que el Espíritu dice a las Iglesias: al vencedor, le daré de comer del árbol de la vida, que se encuentra en el paraíso de Dios" (Ap 2, 7).

CRISTO SANTO,
voz de Dios para el mundo:
durante tu vida mortal,
tu Padre habló de muchos modos
a los hombres.
Pero cuando llegó la plenitud
de los tiempos,
tú fuiste la única y plena voz de Dios,
su Palabra viva y vivificante.
Fuiste ungido en el Jordán,
y desde esa consagración fue más claro
para el mundo el signo de tu presencia,
epifanía de luces
que se convertirían en nuestras luces.

Desde que volviste
al lugar que te compete
—a la derecha del Padre—,

tu Espíritu sigue pronunciándote
con nuevas voces que resuenan
desde donde sale el sol hasta su ocaso,
"diciendo" tu pascua:
—al vencedor,
le daré a comer del árbol de la vida,
que se encuentra en el paraíso de Dios.
Esta es tu revelación:
junto a ti,
hemos recibido la vocación
de participar de la vida eterna,
en el nuevo paraíso
donde no habrá tentación ni caída.
Tú serás allí el hombre nuevo
y nosotros, los renovados por ti...

¿Qué nos dice hoy tu Espíritu?
No otra cosa,
sino lo que tú dijiste ayer
a tus discípulos,
sabiendo que ese "ayer"
iba a ser un permanente "hoy"
en los días de tu historia
y de nuestra historia.
¡Danos oídos para oír y escuchar!

Tu Espíritu, amor increado,
iba a recrear en nuestras almas
lo que tú tenías en la tuya.
Iba a tener como misión
dilatar nuestros corazones
a la medida de tu corazón,

donde cabe el mundo entero
y de donde brota la vida llena.

Tu Espíritu iba a abrir nuestros ojos
para que no equivocáramos el camino
retornando al viejo paraíso,
sino que nos lanzáramos al horizonte final
donde está ese jardín nuevo y feliz,
huerto del que sólo tú tienes la llave.

Tu Espíritu iba a poner en los labios
de los Apóstoles
y también en nuestros labios,
lo que tendríamos que decir
para proclamar tu voz ante el mundo,
de modo valiente y sin miedo alguno,
porque tú sigues estando con nosotros
y porque no nos ha fallado tu promesa.

Tu Espíritu susurró a mis oídos
que volverías...,
para sellar la victoria final...

36

EL ESPIRITU Y LA ESPOSA DICEN: ¡VEN!

"El Espíritu y la esposa dicen: ¡Ven!, y el que escucha debe decir: ¡Ven! Que venga el que tiene sed, y el que quiera que beba gratuitamente del agua de la vida" (Ap 22, 17).

SEÑOR JESUS:
hemos nacido del agua y del Espíritu.
Por eso te pedimos:
¡Que venga a nosotros el Reino prometido!

Hemos bebido el agua viva
que tú nos das y que nos hace
hijos de tu Padre;
esa agua se hizo manantial en nosotros
y en su fuente leemos la vida eterna
hasta donde se extienden sus brotes...
¡Sí...
Del agua viva nacen brotes,
como de planta fecunda!

Por eso hoy nos unimos a tu Espíritu
para decir:
¡Maranatha!

¡Ven, Señor...!
Y sabemos que ese grito
de la comunidad cristiana
que alaba y canta,
el clamor de los adoradores
en espíritu y en verdad,
es escuchado en cielos y tierras.

El agua de la vida
nos mantiene en nuestra vocación
de caminantes
y, como peregrinos, decimos: ¡Ven!,
mientras nos acercamos a la patria,
donde todo será canto
y donde reinarán los niños y los poetas...

Tu don, absoluta gratuidad
conquistada por tu sangre,
nos hace capaces de compartir
el lecho nupcial
donde consumarás
las bodas con tu esposa,
en abrazo íntimo
donde la palabra estará de más,
y donde el silencio sonoro
sintetizará todas las voces
de todos los tiempos,
como explosivo cantar de la creación
que descubrió su vocación a las nupcias.

Tu Espíritu es “comunión”,
es consumación de cuerpos y almas,

es acabamiento de todo lo comenzado
y que nosotros no podemos terminar.
Pero el soplo de amor y fuego,
sí lo puede:
El perfecciona todo lo que tuvo un inicio...
El llevará a término
los deseos de nuestro “ven, Señor...”,
y hará que tú retornes,
para tomarnos de la mano
y mostrarnos la última etapa
del camino,
hacia el altar del holocausto,
donde nada quedará sino tú en nosotros,
donde nada ofreceremos
sino a ti en nosotros,
como oblación grata
a tu Padre y nuestro Padre.

Hemos tenido sed.
Tú golpeaste la roca en nuestro desierto.
Tú nos llevaste a las fuentes de agua viva.
Quisimos beber
y tú señalaste el manantial...

INDICE

TALLER SAN PABLO
SANTAFE DE BOGOTA, D.C.
IMPRESO EN COLOMBIA — PRINTED IN COLOMBIA